COLLECTION POÉSIE

ANTOINETTE DESHOULIÈRES

De rose alors ne reste que l'épine

Poésies 1659-1694

Édition de Sophie Tonolo

nrf

GALLIMARD

DESHOULIÈRES, LA SATIRIQUE AGRÉABLE

Il est saison de causer près du feu *(Ballade)*

Lire la poésie d'Antoinette Deshoulières, c'est entendre une voix, des voix nous parler. Celle de la poétesse d'abord, qui s'adresse à nous de cœur à cœur, comme dans l'intimité d'une conversation au coin du feu ; celles de ses contemporains ensuite, hommes et femmes qui dans leur diversité reforment le bruissement de la société de cette époque. Une société certes choisie, qui n'est pas celle des portefaix, des mendiants du Pont-Neuf et de la rue évoquée par Marot, Saint-Amant ou Boileau, mais une société tout de même, faite d'une jeune fille de Nyons encore dénuée d'expérience du monde, d'un bon gros et fidèle ami maréchal, d'un époux éloigné, de nombreux abbés, sérieux ou galants, de la favorite du roi qui est plus que cela, une éducatrice, du roi lui-même, d'un duc bien en cour et en verve, de sa propre fille, d'un prétendant de sa fille, d'une femme candidate à la carrière des lettres, d'un vieux duc symbole survivant de la fidélité amoureuse et de la galanterie des Précieuses, et de bien d'autres interlocuteurs dont l'identité demeure secrète selon les conventions poétiques, Climène, Daphné,

Iris, Amarante, Tircis, Licidas, etc., mais qu'on devait alors pouvoir reconnaître.

La poésie d'Antoinette Deshoulières puise à la vocalité première du langage. L'oralité vive traverse et anime ses vers, les faisant respirer, se contracter et s'étendre selon un dynamisme qui leur est propre, leur conférant une souplesse et un allant si particuliers. En voici, destinés à la fille du maréchal de Vauban qu'on vient de marier à quatorze ans, comme elle-même le fut à treize :

Quelqu'un qui n'est pas votre Époux,
Et pour qui cependant, soit dit sans vous déplaire,
Vous sentez quelque chose et de vif et de doux,
Me disait l'autre jour de prendre un ton sévère
Pour… mais dans vos beaux yeux je vois de la colère !
Loin de gronder, apaisez-vous ;
Ce quelqu'un n'est, Iris, que votre illustre Père.

Elle papillonne toujours,
Me disait ce grand Homme, et rien ne la corrige […]

La poésie semble devenir simple transcription des conversations du quotidien, et le vers épouser la plastique de la phrase. De là vient sans doute l'impression d'un langage naturel et clair, qui frappe dès la découverte des vers de la poétesse. Mais qu'on ne s'y trompe pas, cette clarté en poésie n'est pas réductible à un message, encore moins à une allégeance à Malherbe, et la lecture de Deshoulières réserve bien des plaisirs subtils. L'oralité qui porte ses vers est une table à tiroirs qu'il nous faut tirer pour en appréhender la dimension. Elle est d'abord le reflet d'une société où l'on aime à essayer la langue littéraire à l'oreille. Les poètes, les traducteurs et autres qui ont la prétention d'écrire pratiquent la lecture à haute voix de leurs œuvres dans des cercles, que ceux-ci soient des assemblées de futurs professionnels des lettres comme les Paladins de la Table ronde, antichambre de l'Académie française, ou qu'ils soient des lieux mondains tenus par des femmes comme la célèbre Chambre bleue de Catherine de Vivonne, marquise de Rambouillet, ou le salon de la précieuse Madeleine de Scudéry. Avant que d'être imprimés et diffusés plus largement, les textes circulent parfois longtemps – plusieurs pièces de notre poétesse en témoignent. La lecture à voix haute peut s'achever dans les applaudissements ou un silence réservé, donnant lieu à d'éventuelles reprises : la jeune Antoinette a eu le temps d'observer ces pratiques, elle qui fréquente ces cercles brillants ou des lieux plus officiels tels l'hôtel de Condé ou le palais du Luxembourg, entre son mariage, en 1651, et le moment où elle rejoint son époux en Flandre, en 1655 ; et elle peut les appliquer dès 1658, après la séparation de biens d'avec cet époux, quand elle s'installe rue de l'Homme armé et y réunit quelques esprits forts.

Les poèmes de Deshoulières sont souvent adressés à des personnes : plus qu'une dédicace liée à l'espoir d'une protection monnayée ou à la convention d'un genre poétique tel que l'épître – l'un de ses genres favoris –, l'adresse à l'autre, chez elle, transforme l'écriture poétique, par essence autotélique, en une écriture pour autrui. Joueuse, la langue dialogue et appelle réponse. Cette dimension aura si bien été perçue par ses contemporains qu'à leur tour ils se mirent à composer des vers en nombre pour lui répondre : des contemporains reconnus, tels La Fontaine ou le puissant duc de Saint-Aignan, mais aussi des familiers, ou des anonymes, comme ceux qu'elle inspire et dont les vers sont répertoriés à la suite des siens dans le journal le Mercure galant. *Le phénomène n'est pas nouveau : la plume en place de l'épée… Le défi poétique avait cours à la Chambre bleue et le poète roturier Vincent Voiture, figure sans doute admirée de la poétesse, en était l'un des champions ; les manuscrits Conrart aujourd'hui conservés à la bibliothèque de l'Arsenal témoignent de cette parole poétique suivie et rebondissante. Mais avec Antoinette Deshoulières, ce défi prend une ampleur remarquable, et c'est l'évidence d'une poésie inscrite dans la société qui surgit devant nos yeux, notamment dans le média moderne où elle choisit de publier nombre de ses premières pièces, le* Mercure galant.

Désirerais être homme en ce moment *(Ballade)*

Mais qui parle, justement, dans les vers d'Antoinette Deshoulières ? Qu'un « je » s'y déploie ne rend pas pour autant la réponse facile. L'identité du « je » dans la poésie lyrique a fait couler beaucoup d'encre : de Louise Labé à Clément Marot, on ne cesse de reposer la question, et elle se pose encore à la lecture de La Fontaine ou de Boileau. Si la séparation de l'auteur, l'autrice en l'occurrence, et du locuteur ou de la locutrice du poème paraît un présupposé incontournable, ce présupposé n'empêche toutefois pas qu'on puisse réaccorder par endroits, et prudemment, les deux figures – ce que font justement Guillaume Berthon et Jean-Charles Monferran à propos de Marot : selon eux, celui-ci contribue, sur fond d'une évolution plus générale du discours poétique, à faire « reculer l'abstraction du sujet et s'affirmer l'expression d'une subjectivité individuelle, irréductible à celle des autres[1] ». Pour Deshoulières, l'enjeu est

1. Clément Marot, *Les Épîtres*, G. Berthon et J.-C. Monferran (éd.), *Poésie* / Gallimard, 2021, préface, p. 10.

d'autant plus crucial que, s'il est possible pour une femme de l'époque, a fortiori *une femme issue de la grande noblesse, de composer des vers, il n'est guère admissible qu'elle les publie, encore moins qu'elle en fasse métier. Et que dire de son audace à prendre l'habit du satirique ? Dès lors Deshoulières ne doit-elle pas s'avancer masquée, et le « je » jouer à dérober son identité et son genre ? La parution de deux lettres en vers sous l'identité empruntée de son épagneul Gas, dans le* Mercure galant *de 1672, ou la publication anonyme de son unique tragédie,* Genséric, *en 1680, pourraient laisser croire que telle fut sa stratégie. On verra que rien n'est plus trompeur, et que la poétesse revendique de faire carrière en poésie, ne cessant d'affermir sa voix.*

Pourtant le « je » qui s'exprime et s'adresse à autrui dans la petite centaine de pièces réunies ici semble se plaire à brouiller les pistes. Malicieusement, il prend des positions pouvant paraître contradictoires. Prenons le sujet le plus banal qui soit : pour ou contre l'amour – rengaine d'un superbe rondeau brodé sur le motif des remèdes d'amour, d'Ovide. Contre l'amour, il n'y a rien à faire, car « de ce genre maudit [de galants] » il en est « trop encor pour mettre un cœur en cendre », explique la voix, impitoyable ; et de conclure, complice avec sa destinataire : « La seule fuite, Iris, nous garantit. » Est-ce la même voix qui, dans une ode heptasyllabique, dansante mais tout aussi implacable, traque la jeune Climène se terrant plus longuement qu'il ne faut à la campagne ? « Oui, j'ai deviné sans doute », dit cette voix, « D'où vient un si long séjour : / Votre jeune cœur redoute / Un mal qu'on appelle amour ». Mais l'amour « se prend à la campagne / Comme il se prend à Paris ». Non, conclut-elle, « c'est en vain qu'on s'assure / Contre ce qu'on peut prévoir. / Une bizarre aventure / Met un cœur sous son pouvoir ». Qu'est-ce que cette voix qui tantôt met en garde les jeunes filles contre l'illusion d'une séduction (« Ores est temps de vous donner conseil / Sur les périls où beauté vous expose », « Votre bonne foi m'épouvante »), tantôt chante les plaisirs de Vénus dans « L'imitation de Lucrèce » – que certains ont qualifiée de polissonnerie ? Est-ce la même qui constate, dans une extraordinaire « Lettre en chansons » à son époux, que « Dès lors que le sacrement, / A décidé du peut-être, / Comme par enchantement / On voit bientôt disparaître / Et la maîtresse, et l'amant », et magnifie le duc de Montausier, exemple de fidélité à son épouse Julie, jusque dans la mort ?

Et sur bien d'autres sujets encore on pourrait s'interroger. La voix peut tout aussi bien mettre en doute l'héroïsme guerrier antique ainsi que les valeurs de courage et de prudence qui l'accompagnent, et rendre hommage aux faits militaires hardis d'un Vivonne, d'un Saint-Aignan ou d'un Montausier. Elle peut mettre en garde une jeune femme qui souhaite entrer dans la carrière des lettres, et demander à Madame de Maintenon de la soutenir dans cette même voie, irrésistible selon elle. Enfin, contradiction non moins saisissante, elle sait trouver les accents les plus solennels pour célébrer un souverain conquérant, tout en faisant couler devant lui, et devant ces messieurs de l'Académie française auxquels on lit son texte, le sang d'un fils sacrifié au combat, pour ce même souverain. Et que dire de ce « je » qui devient « nous » ? S'agit-il du « nous » de l'humanité orgueilleuse et dominatrice de la nature – on y reviendra – à laquelle, bien malgré elle, elle s'agrège ? Du « nous » de ces hommes misérables incapables d'être heureux, à la liberté empêchée par leur propre aveuglement et les prétentions de leur raison ? Ou d'un « nous » plus circonscrit désignant la collectivité des femmes, tout autant malheureuses et asservies ? « L'usage, le devoir, l'austère bienséance, / Tout exige de nous des droits dont je me plains » : comment ne pas entendre ici, dénoncée, la condition de la femme vouée à plaire, à se conformer aux exigences de la société puis à être trompée, dans ces fermes propos de l'idylle « Les oiseaux » ? À dire vrai l'ensemble des idylles joue de cette ambiguïté du « nous ». Et avec quel amusement découvre-t-on, au détour d'un vers, le « je » pris du vertige d'un changement de sexe, lui offrant la joie d'une conquête facile, gaillarde même : « Quand je te vois ma tendresse s'éveille, / Désirerais être homme en ce moment, / Ou quand ta voix se mêle follement / Au doux glouglou que fait une bouteille » (« Ballade » à Iris) !

Le bel esprit, au siècle de Marot *(Rondeau)*

Taxera-t-on pour autant Madame Deshoulières de légèreté, d'inconséquence, voire d'insincérité ? Nullement. Car pour comprendre sa position il faut se souvenir d'une voix qu'elle admire, imite – au sens d'alors, dans la meilleure émulation qui soit – et qui fixe une éthique possible : la sincérité est paradoxalement permise par le jeu, dès lors que celui-ci est affiché comme tel. Ce jeu se nomme « badinage » ; Antoinette Deshoulières emploie le mot pas moins de dix fois et le fait vivre dans sa manière de poète. Badiner, c'est dire ses quatre vérités à quelqu'un avec le sourire, être hardi et libre sans être blessant – au passage tout le contraire de son rival Boileau ; c'est feindre pour mieux révéler, aux autres, à soi parfois ; c'est magnifier les plus petits sujets : c'est tout simplement être spirituel. Des poètes comme Vincent Voiture, Jean-François Sarasin ou Jean de

La Fontaine l'avaient perpétué à leur façon, Antoinette Deshoulières reprend le flambeau : il est important de la lire aujourd'hui pour comprendre qu'une certaine façon d'écrire en poésie, scintillante et grave, ne s'éteint pas en cette fin de siècle dit « classique », comme l'histoire littéraire canonique a pu un temps nous le faire accroire.

Ainsi, avec Deshoulières revient Marot. Il revient par les formes poétiques qui sont ses favorites : le rondeau et l'épître en vers. Il revient par l'esprit, qui anime les compositions sur les rimes « En ailles, en eilles, en ille, en ouille », rimes comiques et impossibles, que le maréchal de Vivonne lui donna pour les remplir à la louange du roi, lui laissant le choix des rimes masculines, ou qui fait broder autour du prénom le plus banal qui soit, « Jean », dans l'épître à Jean Caze. Travail de la rime, jeux de mots et mise en abyme humoristique de ses affres de poète sont les clés d'une inventivité rebondissante. Enfin Marot revient par la langue, les recréations-récréations en vieux langage, en forme d'hommage, qu'elle donne dans ses ballades et dont on a déjà eu un avant-goût. « Ores est temps de vous donner conseil », « À Caution tous amants sont sujets », « Duc, plus vaillant que les fiers Paladins », « Los immortel que par fait héroïque », « Preux Chevalier, sage et de bon aloi », etc. : on voit qu'écrire en vieux langage ne consiste pas seulement à parsemer ses vers de mots et de tournures un peu passés (ores, los, aloi, être sujet à caution), *telles de précieuses pierres conservées dans les couches souterraines de la langue, ni à supprimer les pronoms sujets et les articles comme dans le vrai vieux français ; mais que par là est convoqué un imaginaire médiéval de chevalerie et de valeurs, considérées comme perdues.*

À cet imaginaire des chevaliers de la Table ronde, Deshoulières superpose d'autres mondes littéraires qui l'ont nourrie, le plus notable étant le roman espagnol Amadis de Gaule, *de Garci Rodríguez de Montalvo, publié en 1508. « Ramène-nous le siècle d'Amadis. / Il t'est honteux qu'en Cour d'attraits pourvue, / Où politesse au comble est parvenue, / On n'aime plus comme on aimait jadis » : ces vers firent grand bruit et déclenchèrent la fameuse querelle des ballades, dans laquelle joutèrent La Fontaine et Saint-Aignan. Il faut dire qu'ainsi la poétesse prenait position dans le champ des arts, puisqu'elle composa cette pièce dans le sillage de la création de l'*Amadis *de Lully et Quinault, le 18 janvier 1684, à l'Académie royale de musique : elle rejoignait le vent nouveau qui soufflait, promouvant une mythologie autre que celle de l'Antiquité, et annonçait la querelle des Anciens et des Modernes conduite par Charles Perrault. Cette bataille autour d'un Moyen Âge idéalisé rappelait aussi le duel opposant Clément Marot et Victor Brodeau, le premier défendant le « bon vieux temps [où] train d'amour régnait », le second ne voyant que barbarie dans les temps passés. À son tour, en 1674, Boileau y avait mis son grain de sel, bien piquant comme il savait le faire, en écrivant dans* Le Lutrin *: « Hélas ! qu'est devenu ce temps, cet heureux temps, / Où les rois s'honoraient du nom de fainéants ? » Ainsi la formule « Cet heureux temps n'est plus » est-elle bien davantage qu'une rengaine lancinante et nostalgique sous la plume de la poétesse : elle inscrit son œuvre dans un* continuum *poétique. De même « Le bel esprit, au siècle de Marot », incipit d'un rondeau revendicatif et burlesque, concentre-t-il des enjeux cruciaux pour la poétesse : s'en réclamer, c'est repousser* a contrario *l'esprit lourd, sérieux et prétentieux des pédants ; c'est aussi dénoncer le « méchant esprit » ou le « sot esprit » qui régente le nouveau monde lettré (thème de l'« Épître chagrine à*

*Mademoiselle***** *» sur les savants et les sciences) ; c'est, enfin, se donner les armes pour asseoir sa position dans le champ littéraire, et peut-être affirmer son ambition de vivre de sa plume, en dépit de la convention de pudeur et de modestie qui sied à une femme.*

Je sais que la gloire est trop belle / pour ne pas inspirer de violents désirs *(Réflexions morales sur l'envie immodérée de faire passer son nom à la postérité)*

*Rien ne serait plus faux que d'imaginer une poétesse apeurée par une société alors en pleine mutation, traversée de controverses linguistiques, esthétiques et éthiques. Ce qui la caractérise au-delà d'une mélancolie foncière, c'est un tempérament combatif, une lucidité empruntée aux meilleurs moralistes du temps et la volonté de se faire un chemin comme auteur. On perçoit le premier dans la ballade destinée à François Charpentier, qui le soutient dans sa défense de la langue française contre les « latineurs » et singe leur parler « ab hac et ab hoc » ; une querelle qui, soit dit en passant, s'inscrit dans celle des Anciens et des Modernes. On le voit aussi à l'œuvre dans les trois épîtres chagrines, appellation qu'Antoinette Deshoulières emprunte au poète satirique et burlesque de la génération précédente, Paul Scarron. Deux sont adressées à des femmes, la troisième au confesseur du roi ; les trois actualisent avec audace une tradition littéraire, la satire, quasi réservée aux hommes. L'« Épître chagrine à Mademoiselle***** *» dresse un tableau caustique du nouveau monde lettré : multitude de libraires – éditeurs – qui nivellent la production, public versatile et superficiel quand il n'est pas cruel, règne de la pédanterie et* *de la prétention ; la poétesse dénonce au passage la position intenable des femmes qui, cachant leur érudition comme il est de bon ton, s'exposent au reproche d'ignorance. Il faut prendre cette satire comme une tentative d'instruction et de protection d'une destinataire, Mademoiselle de La Force, qui allait bientôt embrasser la carrière, composer des contes ainsi que des fictions historiques, au demeurant fort bien accueillis du public, et finalement rallier l'Académie des Ricovrati à Padoue, sur les traces de son aînée. La deuxième épître chagrine, adressée à la jeune Provençale Mademoiselle de La Charce, décrit avec drôlerie les mœurs des nouveaux jeunes gens, qui n'en ont que pour le jeu, le vin, les trocs et autres occupations très matérialistes : au-delà, Deshoulières perçoit le basculement, que connaîtra le siècle suivant, d'une galanterie mêlant subtilement hommes et femmes vers un libertinage de mœurs érigé en principe social de domination, de l'autre et de la nature – immortalisé par Pierre Choderlos de Laclos dans les* Liaisons dangereuses *et Vivant Denon dans* Point de lendemain. *Enfin la troisième épître, composée en 1692, alerte le souverain par l'intermédiaire de son confesseur sur la puissance des faux dévots dans son royaume, et leur proie favorite : des coquettes vieillissantes se réfugiant dans la bigoterie. L'ouverture du texte dans laquelle elle-même, qui n'est évidemment pas une coquette mais est déjà vieille et malade, se montre violemment assaillie par un de ces faux dévots, est saisissante : « Sous le débris de vos attraits / Voulez-vous demeurer toujours ensevelie ? / M'a dit quelqu'un, d'un nom que par raison je tais ».*

Ne pas mentionner le nom de la personne visée par la satire, c'est exactement ce que ne fait généralement pas Boileau, qui attribue bons et mauvais points, ad hominem, *avant même qu'on le surnomme le « régent du Parnasse ».*

Ainsi la poétesse prend-elle discrètement le contre-pied d'un poète, devenu historiographe du roi, et incontestablement un rival. La faute à la poétesse elle-même, à une vieille histoire ? 1677 : à deux jours d'intervalle, deux pièces traitant d'un même sujet, l'une de Jean Racine, l'autre de Nicolas Pradon, sont créées. Un sonnet burlesque sur la Phèdre *du premier circule : on l'impute au libertin duc de Nevers, puis à Deshoulières, amie du duc et de Pradon. Boileau prend la défense de Racine ; à son tour ce dernier satirisera sur la tragédie de la poétesse,* Genséric*. Les vers s'échangent comme coups d'épée. Est-ce déjà à Boileau sous la forme d'un chien mordant et vociférant – Boileau se définissant lui-même comme tel dans sa satire VII – que la poétesse faisait ironiquement allusion dans l'« Apothéose » de son épagneul Gas (1672) ? Les cendres de Deshoulières pas même refroidies, en 1694, Boileau publie sa satire X sur les femmes : on y lit un portrait au vitriol d'une précieuse certes pleine de finesse mais protégeant de médiocres poètes dont un certain Pradon, qualifiée de « folle » et d'« apprentie auteur ». Le public n'eut pas de mal à reconnaître la poétesse défunte. Celle-ci sort terrassée de l'affrontement, accusée d'avoir préféré la médiocrité à un chef-d'œuvre. La même année Marie-Jeanne L'Héritier, championne d'une autre précieuse, Mademoiselle de Scudéry, tente de contrer l'offensive dans* Triomphe de la poétesse, reçue dixième muse du Parnasse[1]*, tombeau qu'elle offre à son amie ; en vain.*

Loin de considérer cet épisode comme un coup d'éclat isolé et définitif, il faut, nous semble-t-il, le replacer dans la perspective de l'institutionnalisation de l'art et de la concurrence

1. C'est dans cet ouvrage que la conteuse et poétesse Marie-Jeanne L'Héritier range Deshoulières parmi les « Satyriques agréables ».

nouvelle entre les auteurs qui se développe en cette fin de siècle, sous le règne de Louis XIV. Après l'octroi du privilège royal comme par hasard peu de temps après cette affaire, le 27 juin 1678, Antoinette retarde la parution du recueil de ses œuvres : achevée d'imprimer en décembre 1687, la première édition, au reste extrêmement soignée et ordonnée, n'est publiée par la veuve de Sébastien Mabre-Cramoisy qu'au début de 1688. Entre-temps, le Mercure galant aura diffusé nombre des poèmes de celle qu'il nomme « Illustre », comme il continuera de le faire jusqu'à l'édition de la seconde partie des œuvres, en 1695. Entre-temps aussi, la poétesse s'essaie au théâtre – sa tragédie Genséric est représentée en janvier 1680 –, un genre littéraire où l'on peut bien davantage gagner sa vie et connaître le succès. Mais surtout, dans cette période, la poétesse tente une percée du côté du grand lyrisme, et se lance dans une entreprise de séduction du souverain : en 1682 paraît son idylle « Pour la Naissance de M. le duc de Bourgogne », son petit-fils. Renonce-t-elle pour autant à la voix qui est la sienne ? Nous ne le pensons pas : l'éloge est indirect, et, dans la tradition de la poésie burlesque, c'est celui d'un enfant ; en outre l'idylle, genre qu'elle a fait sien dans « Les moutons », « Les fleurs », « Le ruisseau », etc. pour exposer sa vision de l'humanité – ce dont nous allons reparler –, sert d'écrin à une fable badine, dont Vénus et le petit dieu Amour sont les protagonistes de charme. Au passage, la poétesse en profite pour glisser un vers dont la teinte philosophique épicurienne ne rompt pas avec sa conception naturaliste et mécaniste du monde. À partir de ce moment toutefois, dans ses écrits s'égrène le nom de « LOUIS », toujours en majuscules. Deshoulières célèbre les victoires royales à Alger, dans la Flandre, la soumission du doge de Gênes, l'hérésie protestante vaincue. Pour autant cet égrenage se *double de contrepoints plus sombres, plus personnels aussi, telles cette évocation du « sang d'un Fils, l'objet de toute [sa] tendresse », déjà citée, ou la critique à peine voilée des fastes orgueilleux du pouvoir dans les « Réflexions morales sur l'envie immodérée de faire passer son nom à la postérité ». Ses pièces avaient belle réputation, mais plaisaient-elles vraiment au roi ? Il est sûr qu'elles ne faisaient pas « bouillir le pot », selon sa formule, et ce n'est pas la pension de mille livres attribuée par Louis à la mort de son époux, en 1693, qui changea sa situation de gêne. Comme l'écrit Volker Schröder, les poèmes à la louange du roi de Deshoulières sont sans doute les moins intéressants sur le plan des idées et des valeurs, « mais ils en disent long en revanche sur la condition d'une femme de lettres du XVII*^e^ *siècle et ses virtuoses et audacieuses conquêtes poétiques*[1] *».*

La pauvreté fait peur, mais elle a ses plaisirs
(Réflexions diverses)

Dans tout ce qu'elle écrit, la poétesse ne peut s'empêcher d'être, et d'insérer, de manière oblique, ce qu'elle pense. Bien la lire aujourd'hui, c'est retrouver la cohérence de sa poésie. En énonçant le paradoxe d'une pauvreté source de plaisirs, Deshoulières opte définitivement pour la lucidité : elle s'érige en moraliste, et son vers glisse vers la sentence. Incontestablement les écrits où elle se révèle sous l'emprise

1. Volker Schröder, « "Le grand nom de Louïs mélé dans mes ouvrages" : la place du roi dans les *Poésies* de Mme Deshoulières », *in* Alain Génetiot (dir.), *Morales du poème à l'âge classique*, Classiques Garnier, 2019, p. 95-117.

de son ami La Rochefoucauld et de ses maximes sont ses « Réflexions » en vers. Les idylles cèdent également à cette tentation sentencieuse, qui pourrait être vite perçue comme une limite en poésie ; mais elles renouent avec l'émotion et le lyrisme grâce au procédé de l'interpellation. Dans ces textes en effet, la poétesse s'adresse à tout ce qui l'environne, la nature d'abord, dont elle fait une expérience sensuelle éblouissante, les animaux ensuite (« La solitude », « Les oiseaux ») ; ainsi, elle anthropomorphise les minéraux, les végétaux, les animaux, et déhiérarchise la création. Car pour comprendre la poésie de Deshoulières, il faut revenir au choix précoce qu'elle fit d'une voix se superposant à la sienne : celle d'une chatte, Grisette (on se souvient qu'elle avait aussi prêté sa voix à son épagneul). Comment a-t-on pu traiter si légèrement cette série d'une vingtaine d'épîtres animalières, qui est bien plus qu'un petit roman par lettres et même qu'une parodie jouissive des salons mondains et de leurs discussions philosophiques ? Il faut prendre ironiquement la phrase glissée à Jean Caze, « On dit que je ne suis pas Bête » : Antoinette Deshoulières est *bête. Comme d'autres avant elle, dont on n'a pas remis en cause le fondement de l'entreprise, comme Montaigne avec sa chatte, comme La Fontaine et sa ménagerie, elle a décidé d'endosser le point de vue animal pour précisément mettre en doute le droit de l'homme à s'ériger en maître et possesseur du monde. Avec ce choix, comme le suggère Philippe Chométy, elle pose l'existence d'une continuité du vivant*[1].

Très jeune, entre le mariage et l'entrée dans le monde,

1. Philippe Chométy, *« Philosopher en langage des dieux. » La poésie d'idées en France au siècle de Louis XIV*, Honoré Champion, 2006, p. 389-396.

la poétesse a reçu son instruction d'un disciple de Pierre Gassendi, adversaire de Descartes : Jean Hesnault. Comme lui, elle adhère à un épicurisme qui habite certains milieux lettrés français, de La Fontaine et Théophile de Viau à Voltaire – au passage admirateur de la poétesse comme le sera ensuite Sainte-Beuve. Ce courant de pensée consiste à appréhender l'univers de façon matérialiste : la formation du monde s'explique par la théorie de l'atomisme ; tout ayant une causalité matérielle, la mort met un terme définitif à la vie du corps et de l'âme ; le plaisir est le seul bien tangible, ce qui doit nous inciter à suivre la nature, gage d'une liberté intérieure. Comme le souligne l'universitaire américain John Conley[1]*, la force de la poétesse dans ses idylles est de transformer cette philosophie naturaliste par un point de vue anthropologiste. Telle est donc la vision qu'elle développe idylle après idylle. Faibles, les humains refusent d'affronter leur mortalité et rejettent leur lien indéfectible avec la nature. Dans ce processus, la conscience de soi, si chère à Descartes, est le moteur d'une tragédie. Elle déclenche le regret du passé et l'anxiété du futur ; elle érige la raison humaine en absolu, alors que celle-ci ne lui sert qu'à fabriquer des raisons, dont la religion, de dominer et détruire la nature (« Le ruisseau »). Bien plus, cette raison n'est rien face aux pouvoirs des émotions, en premier lieu l'ambition et la passion amoureuse (« Les fleurs »). Ainsi l'homme entretient-il son inquiétude, son malheur (« Les moutons »). C'est certainement le poème « Les fleurs », dont l'objet est par essence le symbole poétique de la femme, qui*

1. John J. Conley, « Madame Deshoulières : a Naturalist Creed », in *The Suspicion of Virtue. Women Philosophers in Neoclassical France*, Cornell University Press, 2002, p. 45-74.

réunit le plus d'éléments de cette pensée de l'humanité et de sa place dans l'univers. Mais à bien y regarder, celle-ci infuse l'ensemble des poèmes : en toute forme peut s'épanouir cette réflexion. « De la raison il ne faut rien attendre », nous dit un rondeau, quand un autre montre cette même raison se débattant vainement face au cœur (« Taisez-vous tendres mouvements »), rappelant le sombre constat des « Moutons » :

Un peu de vin la trouble, un enfant la séduit,
Et déchirer un cœur qui l'appelle à son aide,
Est tout l'effet qu'elle produit.
Toujours impuissante et sévère,
Elle s'oppose à tout, et ne surmonte rien.

Pauvre raison prise dans la nasse des expériences sensibles… Habile Deshoulières qui la roule dans son vers tantôt se dilatant, tantôt se contractant, mû par l'enjambement, puis fait retomber sur elle la lame d'une sentence définitive. Cette machine très fragile qu'est l'humain, Deshoulières en parle encore avec franchise dans l'ode qu'elle adresse à La Rochefoucauld alors souffrant : elle en profite pour réaffirmer l'inséparabilité du corps et de l'âme et esquisser une éthique du bonheur, qui est un « bonheur sans biens » fait de plaisirs simples, s'opposant aux artefacts par lesquels l'homme ne cesse de s'illusionner, et de souffrir. La vanité d'une société fondée sur l'amour-propre hante ses vers de moraliste. Mais c'est en poète que Deshoulières amorce une réflexion sur le bonheur.

Dans un siècle où l'amour n'est que
dans les chansons *(Épître à M. le duc de Montausier)*

Car elle repose la question de l'amour comme moteur existentiel. Pour en parler, la poétesse est allée puiser dans deux œuvres mythiques. De Pétrarque, de Laure l'aimée et de la fontaine résurgente de Vaucluse, elle fait le symbole d'une fidélité amoureuse idéale, jamais tarie, exceptionnelle sans doute comme le furent les amours de Julie et de Montausier. La poétesse doit à cette source primitive sa posture lyrique favorite, qui la montre « Sur le bord d'un ruisseau paisible », comme gagnée par une douce mélancolie « fin de siècle ». De L'Astrée, *le grand modèle des précieuses, elle extrait en revanche des émotions éphémères, de celles qui ponctuent les passions et rendent l'homme et la femme si vulnérables : bergers jaloux, suicidaires, insistants, fripons, bergères rougissantes, cruelles, insensibles, naïves, moments de résistance, de laisser-aller, de plaisir partagé ou d'appréhension sous les ombrages ou dans les bocages, passent, fugitifs comme le temps humain, dans les petits « airs » qui jalonnent ses deux recueils poétiques. Il n'est pas improbable que la poétesse ait eu plaisir à composer, dans les deux sens du terme (ordonner et écrire de la musique), ces moments où l'amour n'est que feinte et convention : elle était ainsi à l'unisson d'une époque folle de ces airs de cour, airs sérieux, galants, ou à boire, réunissant le peuple et les puissants, les savants et les femmes, que les frères Ballard ont répertoriés dans leurs fameux* Recueils *; la poétesse, et sa fille qui avait pris la lyre à sa suite, y figurent en bonne place. On ne peut exclure non plus que ces petits airs ou ces chansons dans leur variété exemplaire aient servi, au même titre que* *certaines ballades ou épîtres, d'instruction indirecte pour les jeunes femmes. Deux œuvres, comme sources d'inspiration ? En réalité bien davantage, car on se souvient que les voix anciennes d'Ovide, de Catulle ou de Properce résonnent aussi dans les vers de cette Moderne. Elles sont même conciliables avec la thèse de l'amour, « âme de l'Univers » qui fonde la philosophie de Lucrèce qu'elle distille dans son œuvre ; puisque pour Deshoulières, dans tous les cas, l'amour est une force, mécanique, qui nous pousse à agir et, dans le meilleur des cas, à coïncider avec nous-même, heureux tels les pigeons de La Fontaine : « petits oiseaux qui me charmez, / Voulez-vous aimer ? vous aimez » (« Les oiseaux »). L'amour peut-il être d'ailleurs seul acte physique, pur plaisir charnel, et même à l'encontre des conventions humaines, comme le chien Cochon y invitait la chatte Grisette ?*

GRISETTE
Vivons heureux, aimons-nous,
Dans quelques gouttières secrètes
J'irai miauler avec vous,
Vivons heureux, aimons-nous

Grisette, bien que sur le mode de l'humour, accueillit ses vers un peu froidement et proposa une amitié tendre et constante. Non, plus probablement pour Antoinette Deshoulières l'amour se conçoit-il comme un plaisir de la « feinte », une illusion en mots, choisie et construite : ce qu'elle expose dans l'élégie à Licidas – alias *Hesnault – et qu'elle redit à Montausier. Pour elle, décidément, l'amour ne sera que dans les chansons. Relisons cet alexandrin, mètre rare sous la plume de la poétesse : « Dans un siècle où l'Amour n'est que dans les chansons. » On peut certes le prendre dans son sens restrictif et chagrin, comme un regret définitif, mais ne peut-on le lire* a contrario *comme l'expression d'une foi indélébile dans les pouvoirs de la poésie et de la musique ? Éternelle rengaine du chansonnier… Chanter l'amour pour être heureux, voilà à quoi nous convie Antoinette Deshoulières.*

SOPHIE TONOLO

NOTE SUR LA PRÉSENTE ÉDITION

Les textes de ce recueil anthologique ont été établis à partir de la première édition constituée par la poétesse, les *Poësies de madame Deshoulières*, parues à Paris, chez la veuve de Sébastien Mabre-Cramoisy, en 1688 (privilège accordé le 27 juin 1678, exemplaire conservé à la Bibliothèque nationale de France, YE 8159), ainsi qu'à partir de la suite des œuvres publiées peu après sa mort, les *Poësies de madame Deshoulières*, à Paris, chez Jean Villette, en 1695 (privilège accordé le 3 décembre 1693, exemplaire conservé à la Bibliothèque nationale de France, YE 8160). On a préféré la version de ces textes supervisée par la poétesse elle-même pour le premier volume et par sa fille pour le second, à celle éventuellement publiée précédemment dans le *Mercure galant* ; toutefois une publication antérieure est toujours signalée dans la note introductive du texte. Les rares cas de variantes significatives sont également signalés en note. De même sont mentionnées les quelques publications en dehors de ces deux recueils constitués.

Pour des raisons propres au projet anthologique, l'ordre des textes dans les recueils n'a pas été reproduit ;

pour le connaître on pourra se reporter à l'édition des *Poésies*, Classiques Garnier, 2010, que nous avons établie. De même l'ordre chronologique de composition n'a pas été suivi, mais la date de composition des poèmes, si elle fait l'objet d'une hypothèse probable et si elle est éclairante pour la lecture du texte, est précisée dans les notes. Celles-ci présentent aussi l'identité des nombreux destinataires des poèmes, qui composent le « monde » dans lequel évolue la poétesse. On verra que l'étendue de sa langue, qui va d'un « vieux français » – en réalité d'un français du XVIe siècle – recréé par jeu, à une langue moderne, en passant par des registres variés, familier, burlesque, etc., a nécessité un certain nombre de notes explicatives. Enfin on a explicité dans les notes les références poétiques repérées.

Conformément aux principes de la collection et afin de rendre l'œuvre la plus lisible possible par un public contemporain, l'orthographe a été modernisée ; la graphie initiale n'a été maintenue que pour quelques mots – par exemple « appas » pour « appâts » ou « encor » pour « encore » – de sorte que la rime ou le mètre soient respectés. Les majuscules dans le texte, qui résultent à la fois de certaines conventions poétiques et de la volonté probable de l'auteur, ont en revanche été laissées telles quelles. La ponctuation a été respectée : elle a pu faire l'objet de modifications entre la publication dans le *Mercure galant* et celle des recueils constitués, mais ces différences n'ont pas de conséquences sur le sens du texte et tiennent à la frontière fluctuante qui existait parfois entre certains signes, par exemple entre la virgule et le point-virgule, ainsi qu'au rôle très particulier de scansion à l'oral qu'avaient ces derniers. Pour toute explication relative à ces sujets, on pourra se reporter à Gilles Siouffi, *Une histoire de la phrase française*, Actes Sud, 2021, en particulier le chapitre « XVIIe siècle. Entre phrase et période », p. 171-216.

Les textes réunis ont été regroupés en cinq sections, faisant apparaître les aspects les plus frappants de l'œuvre de la poétesse. Celle qui ouvre le recueil (« Être femme ») souligne la place exceptionnelle qu'Antoinette Deshoulières a donnée aux femmes, tant comme destinataires que comme sujet de ses poèmes, et révèle l'attention qu'elle portait à la condition féminine de son époque. La deuxième section (« Chansons, ballades, rondeaux… ») fait entendre la voix de la chansonnière, inscrivant sa poésie dans le chœur ancestral des poètes qui s'élève depuis les origines. La troisième section, intitulée « La plume à la patte » selon une expression tirée d'un des poèmes, présente les pièces dites « animalières », déjà publiées de façon groupée du vivant de la poétesse, dans lesquelles celle-ci, sous l'identité empruntée de sa chatte Grisette, commence à exposer sa représentation du monde. La quatrième section la montre justement « dans le monde », faisant de sa poésie un outil social, l'inscrivant dans des réseaux, allant du simple ami ou familier à la personnalité de rang le plus élevé, le roi. Enfin, la dernière section (« Penser et combattre ») la montre un peu plus engagée encore, sur la scène littéraire et dans sa conception de l'homme et de son environnement. Ce regroupement des textes sous tel ou tel axe pourra parfois paraître au lecteur relatif, voire schématique, sur le fond comme sur la forme. On verra que la deuxième partie consacrée aux genres poétiques originellement liés à la musique n'est pas la seule à présenter des ballades ou des chansons ; de même y trouvera-t-on une églogue, une ode et des stances, qu'on a pourtant glissées ici tant elles reflètent bien l'univers champêtre et galant des chansons. Autre exemple, on trouvera en plusieurs endroits du recueil des épîtres que le caractère mondain semble réserver à la quatrième section. Sur le fond, si la pensée et les idées de la poétesse se concentrent dans les idylles et les réflexions, regroupées dans la dernière partie, on les rencontre aussi dans les rondeaux de la deuxième partie, dans les épîtres animalières de la troisième ou les épîtres chagrines de la première. De même la vie mondaine révélée dans la quatrième section de l'ouvrage est perceptible dès les premiers textes. Ce sentiment est inévitable et traduit l'univers cohérent de la poétesse, au-delà de la variété si virtuose des vers et des formes poétiques qu'elle pratique.

S. T.

DE ROSE ALORS
NE RESTE QUE L'ÉPINE

Poésies 1659-1694

I. ÊTRE FEMME

I

À MADEMOISELLE DE LA CHARCE

Pour la Fontaine de Vaucluse[1]

Quand vous me pressez de chanter
Pour une fontaine fameuse[2]
Vous avez oublié que je suis paresseuse,
Qu'un simple Madrigal pourrait m'épouvanter,
Qu'entre une santé languissante[3]
Et d'illustres amis par le sort outragés
Mes soins sont toujours partagés.
Par plus d'une raison devenez moins pressante.
Daphné, vous ne savez à quoi vous m'engagez !
Peut-être croyez-vous que toujours insensible,
Je vous décrirai dans mes vers[4]
Entre de hauts rochers dont l'aspect est terrible
Des prés toujours fleuris, des arbres toujours verts,
Une source orgueilleuse et pure,
Dont l'eau sur cent rochers divers
D'une mousse verte couverts
S'épanche, bouillonne, murmure,
Des agneaux bondissants sur la tendre verdure,
Et de leurs conducteurs les rustiques concerts.

De ce fameux désert la beauté surprenante
Que la nature seule a pris soin de former
Amusait autrefois mon âme indifférente.
Combien de fois, hélas, m'a-t-elle su charmer !
Cet heureux temps n'est plus[5] : languissante, attendrie,
Je regarde indifféremment
Les plus brillantes eaux, la plus verte prairie,
Et du soin de ma bergerie
Je ne fais même plus mon divertissement.
Je passe tout le jour dans une rêverie
Qu'on dit qui m'empoisonnera.
À tout autre plaisir mon esprit se refuse,
Et si vous me forcez à parler de Vaucluse,
Mon cœur tout seul en parlera.

Je laisserai conter de sa source inconnue
Ce qu'elle a de prodigieux,
Sa fuite, son retour, et la vaste étendue
Qu'arrose son cours furieux.
Je suivrai le penchant de mon âme enflammée,
Je ne vous ferai voir dans ces aimables lieux
Que Laure tendrement aimée
Et Pétrarque victorieux.

Aussi bien de Vaucluse ils font encor[6] la gloire.
Le temps qui détruit tout[7] respecte leurs plaisirs :
Les ruisseaux, les rochers, les oiseaux, les zéphyrs[8],
Font tous les jours leur tendre histoire.
Oui, cette vive source en roulant sur ces bords
Semble nous raconter les tourments, les transports,
Que Pétrarque sentait pour la divine Laure.
Il exprima si bien sa peine, son ardeur,

Que Laure malgré sa rigueur
L'écouta, plaignit sa langueur,
Et fit peut-être plus encore.

Dans cet antre profond, où sans autres témoins
Que la Naïade et le Zéphyr
Laure sut par de tendres soins
De l'amoureux Pétrarque adoucir le Martyre :
Dans cet antre où l'amour tant de fois fut vainqueur,
Quelque fierté dont on se pique
On sent élever dans son cœur
Ce trouble dangereux par qui l'amour s'explique
Quand il alarme la pudeur.

Ce n'est pas seulement dans cet antre écarté
Qu'il reste de leurs feux une marque immortelle,
Ce fertile vallon dont on a tant vanté
La solitude et la beauté
Voit mille fois le jour dans la saison nouvelle
Les rossignols, les serins, les pinsons[9],
Répéter sous son vert ombrage
Je ne sais quel doux badinage
Dont ces heureux amants leur donnaient des leçons.

Leurs noms sur ces rochers peuvent encor se lire,
L'un avec l'autre est confondu,
Et l'âme à peine peut suffire
Aux tendres mouvements que leur mélange inspire.
Quel charme est ici répandu ?
À nous faire imiter ces amants tout conspire,
Par les soins de l'amour leurs soupirs conservés
Enflamment l'air qu'on y respire,

Et les cœurs qui se sont sauvés
De son impitoyable empire
À ces déserts sont réservés.

Tout ce qu'a de charmant leur beauté naturelle
Ne peut m'occuper un moment.
Les restes précieux d'une flamme si belle
Font de mon jeune cœur le seul amusement.
Ah, qu'il m'entretient tendrement
Du bonheur de la belle Laure !
Et qu'à parler sincèrement,
Il serait doux d'aimer si l'on trouvait encore
Un cœur comme le cœur de son illustre amant !

II
ÉPÎTRE CHAGRINE
À MADEMOISELLE****[1]

Quel espoir vous séduit ? quelle gloire vous tente ?
Quel caprice ! à quoi pensez-vous ?
Vous voulez devenir savante ?
Hélas ! du bel esprit[2] savez-vous les dégoûts ?
Ce nom jadis si beau, si révéré de tous,
N'a plus rien, aimable Amarante,
Ni d'honorable ni de doux.

Sitôt que par la voix commune
De ce titre odieux on se trouve chargé,
De toutes les vertus n'en manquât-il pas une,

Suffit qu'en bel esprit on vous ait érigé,
Pour ne pouvoir prétendre à la moindre fortune.

Je sais bien que le ciel a su vous départir
Ce qui soutient l'éclat d'une illustre naissance[3],
Que sans espoir de récompense
Vous ne travaillerez que pour vous divertir.
C'est un malheur de moins, mais il en est tant d'autres,
Dont on ne peut se garantir,
Que je vous verrai repentir
D'avoir moins écouté mes raisons que les vôtres.

Pourrez-vous toujours voir votre Cabinet[4] plein
Et de pédants[5] et de poètes,
Qui vous fatigueront avec un front serein
Des sottises qu'ils auront faites ?

Pourrez-vous supporter qu'un Fat de qualité
Qui sait à peine lire, et qu'un caprice guide,
De tous vos ouvrages décide ?

Un esprit de malignité
Dans le monde a su se répandre.
On achète un bon livre afin de s'en moquer,
C'est des plus longs travaux le fruit qu'il faut attendre :
Personne ne lit pour apprendre,
On ne lit que pour critiquer[6].

Vous riez, vous croyez ma frayeur chimérique,
L'Amour-propre vous dit tout bas
Que je vous fais grand tort, que vous ne devez pas
Du plus rude Censeur redouter la critique.

Hé bien, considérez que dans chaque maison
Où vous aura conduit un importun usage,
Dès qu'un Laquais aura prononcé votre nom,
C'est un bel esprit[7] dira-t-on,
Changeons de voix et de langage.
Alors sur un précieux ton
Des plus grands mots faisant un assemblage,
On ne vous parlera que d'ouvrages nouveaux :
On vous demandera ce qu'il faut qu'on en pense ;
En face[8] on vous dira que les vôtres sont beaux,
Et l'on poussera l'impudence
Jusques à vous presser d'en dire des morceaux.
Si tout votre discours n'est obscur, emphatique,
On se dira tout bas, C'est là ce bel Esprit !
Tout comme une autre elle s'explique,
On entend tout ce qu'elle dit.

Irez-vous voir jouer une pièce nouvelle,
Il faudra pour l'auteur être pleine d'égards ;
Il expliquera tout, mines, gestes, regards ;
Et si sa Pièce n'est pas belle,
Il vous imputera tout ce qu'on dira d'elle,
Et de sa colère immortelle
Il vous faudra courir tous les hasards.

Mais, me répondrez-vous, sortez d'inquiétude,
Ne prenez point pour moi d'inutiles frayeurs ;
Je me déroberai sans peine à ces malheurs
En évitant la folle multitude.

Il est vrai, mais comment pourrez-vous éviter
Les chagrins qu'à la Cour le bel esprit attire ?

Vous ne voulez pas la quitter.
Cependant l'air qu'on y respire
Est mortel pour les Gens qui se mêlent d'écrire.

À rêver dans un coin on se trouve réduit,
Ce n'est point un conte pour rire :
Dès que la Renommée aura semé le bruit
Que vous savez toucher la lyre,
Hommes, Femmes, tout vous craindra ;
Hommes, Femmes, tout vous fuira.
Parce qu'ils ne sauront en mille ans que vous dire.

Ils ont là-dessus des travers
Qui ne peuvent souffrir d'excuses :
Ils pensent, quand on a commerce avec les Muses
Qu'on ne sait faire que des Vers.

Ce que prête la fable à la haute éloquence,
Ce que l'Histoire a consacré,
Ne vaut jamais rien à leur gré ;
Ce qu'on sait plus qu'eux les offense.

On dirait à les voir de l'air présomptueux
Dont ils s'empressent pour entendre
Des vers qu'on ne lit point pour eux,
Qu'à décider de tout ils ont droit de prétendre.
Sur ce dehors trompeur on ne doit point compter ;
Bien souvent sans les écouter,
Plus souvent sans y rien comprendre,
On les voit les blâmer, on les voit les défendre.
Quelques faux brillants bien placés,
Toute la Pièce est admirable ;

Un mot leur déplaît, c'est assez,
Toute la pièce est détestable.

Dans la débauche et dans le jeu nourris,
On les voit avec même audace
Parler et d'Homère, et d'Horace,
Comparer leurs divins Écrits,
Confondre leurs beautés, leur tour, leurs caractères,
Si connus et si différents,
Traiter des ouvrages si grands
De badinages, de chimères,
Et cruels ennemis des Langues Étrangères
Être orgueilleux, d'être ignorants.

Quelques Seigneurs restés d'une Cour plus galante[9]
Et moins dure aux auteurs que celle d'aujourd'hui,
Sont encore, il est vrai, le généreux appui
De la science étonnée et mourante.
Mais pour combien de temps aurez-vous leur secours ?
Hélas ! j'en pâlis, j'en frissonne.
Les trois fatales Sœurs[10] qui n'épargnent personne,
Sont prêtes à couper la trame de leurs jours.

Que ferez-vous alors ? vous rougirez sans doute
De tout l'esprit que vous aurez :
Amarante, vous chanterez,
Sans que personne vous écoute.
Plus d'un exemple vous répond
Des malheurs dont ici je vous ai menacée.
Le savoir nuit à tout, la mode en est passée ;
On croit qu'un bel esprit ne saurait être bon.

De tant de vérités conservez la mémoire,
Qu'elles servent à vaincre un aveugle désir.
Ne cherchez plus une frivole gloire
Qui cause tant de peine et si peu de plaisir.
Je la connais, et vous m'en pouvez croire :
Jamais dans l'Hypocrène[11] on ne m'aurait vue boire,
Si le Ciel m'eût laissée en pouvoir de choisir :
Mais, hélas ! de son sort personne n'est le Maître,
Le penchant de nos cœurs est toujours violent.
J'ai su faire des vers, avant que de connaître
Les chagrins attachés à ce maudit talent[12].
Vous que le Ciel n'a point fait naître
Avec ce talent que je hais,
Croyez-en mes conseils, ne l'acquérez jamais.

III
ÉLÉGIE[1]

Généreux Licidas, ami sage et fidèle,
Dont l'esprit est si fort, de qui l'âme est si belle,
Vous, de qui la raison ne fait plus de faux pas,
Ah ! qu'il vous est aisé de dire : N'aimez pas.
Quand on connaît l'amour, ses caprices, ses peines,
Quand on sait comme vous ce que pèsent ses chaînes :
Sage par ses malheurs, on méprise aisément
Les douceurs dont il flatte un trop crédule amant ;
Mais quand on n'a point fait la triste expérience
Des jalouses fureurs, des dépits, de l'absence ;
Que pour faire sentir ses redoutables feux
Il ne paraît suivi que des ris et des jeux[2],

Qu'un cœur résiste mal à son pouvoir suprême !
Que de soins, que d'efforts, pour empêcher qu'il n'aime !
Je sais ce qu'il en coûte ; et peut-être jamais
L'amour n'a contre un cœur émoussé tant de traits.
Insensible au plaisir, insensible à la gloire
Que promet le succès d'une illustre victoire,
Je ne suis point tombée encore en ces erreurs[3]
Qui donnent de vrais maux pour de fausses douceurs ;
Mes sens sur ma raison n'ont jamais eu d'empire,
Et mon tranquille cœur ne sait comme on soupire,
Il l'ignore, Berger[4] : mais ne présumez pas
Qu'un tendre engagement fût pour lui sans appas[5].
Ce cœur que le Ciel fit délicat et sincère,
N'aimerait que trop bien, si je le laissais faire.
Mais, grâce aux immortels, une heureuse fierté
Sur un si doux penchant l'a toujours emporté.
Sans cesse je me dis qu'une forte tendresse
Est malgré tous nos soins l'écueil de la Sagesse :
Je fuis tout ce qui plaît, et je sais m'alarmer
Dès que quelqu'un paraît propre à se faire aimer[6].
Comme un subtil poison je regarde l'estime,
Et je crains l'amitié bien qu'elle soit sans crime.
Pour sauver ma vertu de tant d'égarements,
Je ne veux point d'amis qui puissent être amants.
Quand par mon peu d'appâts leur raison est séduite,
Je cherche leurs défauts, j'impose à leur mérite :
Rien pour les ménager ne me paraît permis,
Et dans tous mes amants je vois mes ennemis.
À l'abri d'une longue et sûre indifférence,
Je jouis d'une paix plus douce qu'on ne pense[7].
L'esprit libre de soins, et l'âme sans amour,
Dans le sacré vallon[8] je passe tout le jour :

J'y cueille avec plaisir cent et cent fleurs nouvelles
Qui braveront du temps les atteintes cruelles ;
Et pour suivre un penchant que j'ai reçu des Cieux,
Je consacre ces fleurs au plus jeune des Dieux.
Par un juste retour on dit qu'il sait répandre
Sur tout ce que j'écris un air galant et tendre ;
Je n'ose aller plus loin, et sur la foi d'autrui
Tantôt je chante pour, et tantôt contre lui[9] :
Heureuse si les maux dont je feins d'être atteinte
Pour mon timide cœur sont toujours une feinte !

IV
ÉPÎTRE CHAGRINE
À MADEMOISELLE
DE LA CHARCE[1]

Hé bien, quel noir chagrin vous occupe aujourd'hui ?
M'est venu demander avec un fier sourire
        Un jeune Seigneur, qu'on peut dire
Aussi beau que l'Amour, aussi traître que lui.
        Vous gardez un profond silence,
        A-t-il repris, jurant à demi-bas !
        Est-ce que vous ne daignez pas
De ce que vous pensez me faire confidence ?
Je n'en suis pas peut-être assez digne. À ces mots,
Pour joindre un autre Fat, il m'a tourné le dos.

        Quel discours pouvais-je lui faire,
        Moi qui dans ce même moment
Repassais dans ma tête avec étonnement

De la nouvelle Cour la conduite ordinaire ?
M'aurait-il jamais pardonné
La peinture vive et sincère[2]
De cent vices auxquels il s'est abandonné ?
Non, contre moi le dépit, la colère,
Le chagrin, tout aurait agi.
Mais quoique mes discours eussent pu lui déplaire,
Son front n'en aurait point rougi.

Je sais de ses pareils jusqu'où l'audace monte :
À tout ce qui leur plaît osent-ils s'emporter ?
Loin d'en avoir la moindre honte
Eux-mêmes vont en plaisanter.

De leurs dérèglements Historiens fidèles,
Avec un front d'airain ils feront mille fois
Un odieux détail des plus affreux endroits.
On dirait à les voir traiter de bagatelles
Les horreurs les plus criminelles,
Que ce n'est point pour eux que sont faites les Lois,
Tant ils ont de mépris pour elles !

Avec gens sans mérite et du rang le plus bas
Ils font volontiers connaissance :
Mais aussi quels égards et quelle déférence
Voit-on qu'on ait pour eux ? hélas !
Ils font oublier leur naissance
Quand ils ne s'en souviennent pas.

Daignent-ils nous rendre visite ?
Le plus ombrageux des époux
N'en saurait devenir jaloux.

Ce n'est point pour notre mérite.
Leurs yeux n'en trouvent point en nous :
Ce n'est que pour parler de leur gain, de leur perte,
Se dire que d'un vin qui les charmera tous,
On a fait une heureuse et sûre découverte,
Se montrer quelques Billets doux,
Se dandiner dans une chaise,
Faire tous les trocs[3] à leur aise,
Et se donner des rendez-vous.

Si par un pur hasard quelqu'un d'entre eux s'avise
D'avoir des sentiments tendres, respectueux,
Tout le reste s'en formalise.
Il n'est pour l'arracher à ce penchant heureux,
Affront qu'on ne lui fasse, horreurs qu'on ne lui dise,
Et l'on fait tant qu'enfin il n'ose être amoureux.

Causer une heure avec des Femmes,
Leur présenter la main, parler de leurs attraits,
Entre les jeunes gens sont des crimes infâmes
Qu'ils ne se pardonnent jamais.

Où sont[4] ces cœurs galants ? Où sont ces âmes fières ?
Les Nemours, les Montmorency,
Les Bellegarde, les Bussy,
Les Guise et les Bassompierre[5] ?
S'il reste encor quelques soucis
Lorsque de l'Achéron on a traversé l'onde[6],
Quelle indignation leur donnent les récits
De ce qui se passe en ce monde ?

Que n'y peuvent-ils revenir !
Par leurs bons exemples peut-être
On verrait la tendresse et le respect renaître
Que la débauche a su bannir :
Mais des destins impitoyables
Les Arrêts sont irrévocables,
Qui passe l'Achéron ne le repasse plus.
Rien ne ramènera l'usage
D'être galant, fidèle, sage,
Les jeunes gens pour jamais sont perdus !

À bien considérer les choses,
On a tort de se plaindre d'eux :
De leurs dérèglements honteux
Nous sommes les uniques causes[7].

Pourquoi leur permettre d'avoir
Ces impertinents caractères ?
Que ne les tenons-nous comme faisaient nos mères,
Dans le respect, dans le devoir !
Avaient-elles plus de pouvoir,
Plus de beauté que nous, plus d'esprit, plus d'adresse ?
Ah ! pouvons-nous penser au temps de leur jeunesse ?
Et sans honte, et sans désespoir,
Dans plus d'un réduit[8] agréable,
On voyait venir tour à tour
Tout ce qu'une superbe Cour
Avait de galant et d'aimable.
L'esprit, le respect et l'amour
Y répandaient sur tout un charme inexplicable.
Les innocents plaisirs[9], par qui le plus long jour
Plus vite qu'un moment s'écoule,

Tous les soirs s'y trouvaient en foule,
Et les transports, et les désirs
Sans le secours de l'espérance,
À ce qu'on dit, prenaient naissance
Au milieu de tous ces plaisirs.

Cet heureux temps[10] n'est plus, un autre a pris sa place.
Les jeunes gens portent l'audace
Jusques à la brutalité.
Quand ils ne nous font pas une incivilité,
Ils semblent qu'ils nous fassent grâce.

Mais, me répondra-t-on, que voulez-vous qu'on fasse ?
Si ce désordre n'est souffert,
Regardez quel sort nous menace,
Nos maisons seront un désert :
Il est vrai ; mais sachez que lorsqu'on les en chasse,
Ce n'est que du bruit que l'on perd.

Est-ce un si grand malheur de voir sa chambre vide
De médisants, de jeunes fous,
D'insipides railleurs, qui n'ont rien de solide
Que le mépris qu'ils ont pour nous ?

Oui, par nos indignes manières
Ils ont le droit de nous mépriser.
Si nous étions plus sages et plus fières
On les verrait en mieux user.
Mais inutilement on traite ces matières,
On y perd sa peine et son temps.
Aux dépens de sa gloire on cherche des Amants.

Qu'importe que leurs cœurs soient sans délicatesse,
Sans ardeur, sans sincérité.
On les quitte de soins et de fidélité[11],
De respect et de politesse.
On ne leur donne pas le temps de souhaiter
Ce qu'au moins par des pleurs, des soins, des complaisances,
On devrait leur faire acheter.
On les gâte. On leur fait de honteuses avances,
Qui ne font que les dégoûter.

Vous, aimable Daphné, que l'aveugle fortune
Condamne à vivre dans des lieux[12]
Où l'on ne connaît point cette foule importune
Qui suit ici nos demi-Dieux ;
Ne vous plaignez jamais de votre destinée.
Il vaut mieux mille et mille fois
Avec vos Rochers et vos Bois
S'entretenir toute l'année,
Que de passer une heure ou deux
Avec un tas d'Étourdis, de Coquettes :
Des Ours et des Serpents de vos sombres retraites,
Le commerce est moins dangereux.

V

PORTRAIT DE MLLE DE VILENNE FAIT PAR MME DESHOULIÈRES[1]

Je ne puis m'empêcher de faire la peinture[2]
Du plus charmant objet qu'ait formé la nature ;
C'est la jeune Phillis[3], dont les divins appas

Se sont rendus fameux par cent mille trépas ;
Je connais son esprit, sa beauté, son mérite,
Sa taille n'est encor ni grande ni petite,
Elle est libre, mignonne, et pleine d'agrément
Toute seule elle peut faire plus d'un Amant.
Ses cheveux sont fort noirs, son teint n'est pas de même,
Il est vif, délié, sa blancheur est extrême.
Son nez n'est pas mal fait ; mais que ses yeux sont beaux !
Qu'ils sont fins ! qu'ils sont doux ! et qu'ils causent de maux !
Ses yeux noirs et brillants où l'Amour prend ses armes,
Font naître des désirs et répandre des larmes.
Tant d'illustres Amants que l'on voit en ces lieux
Sont, chère Amarillis, l'ouvrage de ses yeux.
Sa bouche est d'un beau tour, elle est vive et charmante,
Pour sa forme, on connaît qu'elle est très éloquente,
Elle a je ne sais quoi qu'on ne peut exprimer,
Qui fait qu'on ne peut pas s'empêcher de l'aimer.
Elle a de belles dents : le tour de son visage
Est si beau, qu'il n'est rien qui le soit davantage ;
Elle a de l'embonpoint comme il en faut avoir ;
Sa gorge est blanche, pleine, et l'on ne saurait voir
En toute la nature une gorge plus belle,
Et ses bras et ses mains sont aussi dignes d'elle ;
La fraîcheur de son teint, et sa vivacité,
Font bien voir que Phillis a beaucoup de santé ;
Elle a cet air galant qui sait plaire, et qui donne
Un charme inexplicable à toute sa personne.
Pour faire une conquête, et pour la conserver,
Elle a tout ce qu'il faut, et l'on doit avouer
Que sa gorge, ses bras et sa taille admirable
Sa bouche et ses beaux yeux n'ont rien de comparable.

Son esprit tout divin répond à ce beau corps,
Le Ciel en le faisant épuisa ses trésors ;
Ce n'est point un esprit qui n'a que l'apparence,
Le sien est éclairé d'une aimable science,
Il est grand, plein de feu, solide, égal et doux,
Il fait dans ces beaux lieux mille et mille jaloux,
La fierté lui sied bien, et pour comble de gloire
Elle a du jugement, et beaucoup de mémoire ;
Ses billets sont galants ; ils sont beaux, pleins d'esprit,
Elle parle du moins aussi bien qu'elle écrit,
Les vers tendres ont fort le bonheur de lui plaire ;
Et si je ne craignais pas de la mettre en colère,
Je dirais qu'elle en fait admirablement bien ;
Elle n'a pas besoin qu'on lui traduise rien
De ce que nous avons du Tasse et de Virgile.
Cependant chaque jour cette admirable fille
Cache soigneusement tous ces dons précieux
Qui lui rendent l'Esprit aussi beau que les yeux :
Mais malgré tous ses soins, malgré sa modestie[4],
On en connaît toujours une bonne partie ;
Un aimable enjouement, une douce langueur,
Mêlés également, font sa charmante humeur,
Son enjouement ravit, et même sa tristesse
Ne sert qu'à faire valoir qu'elle a de la tendresse.
Si Phillis l'employait, ha ! qu'elle aimerait bien !
Mais chère Amarillis, on n'y connaîtrait rien,
On ne saurait jamais le sujet de sa flamme,
Ses yeux garderaient bien le secret de son âme,
Et son cœur paraîtrait sévère et rigoureux,
Lors qu'il serait soumis à l'empire amoureux.

VI
ÉPÎTRE
À MADAME DE MAINTENON[1]

Toi dont la piété, la vertu, la sagesse
Sont les fruits d'un esprit et d'un cœur sans faiblesse,
Que sans étonnement on ne peut regarder ;
Toi que le Ciel conduit et traite en favorite,
Maintenon, pour qui vient de se racommoder
          La fortune avec le mérite,
          Daigne par tes divins regards
          Rassurer mon âme éperdue.
La carrière où je cours[2] ne présente à ma vue
          Que des périls de toutes parts.
Combien de beaux esprits entendons-nous se plaindre
De n'avoir encor pu, malgré tout leur savoir,
Arriver à ce but où je voudrais atteindre ?
          Mais cependant qu'aurais-je à craindre,
          Si tu soutenais mon espoir ?
N'es-tu pas en ces lieux l'arbitre souveraine
          De la gloire où nous aspirons ?
Hélas ! sans ton aveu follement nous courons
          Après cette chimère vaine.
          Ainsi Rome vit autrefois
Un de ses Citoyens sorti du sang des Rois[3],
Sous un Prince moins grand, moins aimé, moins habile,
     Que le Héros dont nous suivons les lois,
Décider des Chansons d'Horace et de Virgile :
Mais tandis que Mécène était leur ferme appui,
Son esprit vaste et fort à tout pouvant suffire,

N'en soutenait pas moins le fardeau de l'Empire :
Il partageait d'Auguste et la joie et l'ennui.
Encor que le Ciel t'ait fait naître
D'un sexe moins parfait peut-être[4],
Il t'a fait un destin plus beau, plus grand qu'à lui.
La plus entière confiance,
LOUIS ne l'a-t-il pas en toi ?
Par ce qu'il commet à ta foi,
N'a-t-il pas raccourci l'effroyable distance
Que met la suprême puissance
Entre une sujette et son Roi ?
Mais par le vif éclat des vertus les plus pures
Tu brilles plus encor que par tant de grandeurs,
Et tu n'as point ces fiertés dures
Qui font aux malheureux sentir tous leurs malheurs.
Tes soins ont prévenu les tristes aventures
Où l'extrême besoin jette les jeunes cœurs[5].
Ah ! que ces soins pieux chez les races futures
T'attireront d'adorateurs !
Contre la cruauté des fières destinées
Ils donnent ces soins généreux,
Un asile sacré, vaste, durable, heureux
À d'illustres infortunées.
Quelle gloire pour toi modeste Maintenon
Dans un si beau dessein d'avoir servi de guide
À ce grand Roi qui vient d'éterniser son nom
Par une piété solide !
Souvent cette vertu n'est pas avec ses sœurs,
Elle fuit de la Cour la pompe et les douceurs :
Mais son fameux exemple aujourd'hui l'y rappelle,
La naissance, l'esprit et la valeur sans elle
Ne conduisent plus aux honneurs.

Maintenon, dans ces vers c'est mon cœur qui s'explique :
À tes grands destins j'applaudis ;
Loin de savoir flatter, apprends que je me pique
De cette candeur héroïque
Qu'au nombre des vertus on recevait jadis :
Triste jouet du sort, mais désintéressée,
Par un sordide espoir je ne suis point poussée,
Et je t'admire enfin puisque je te le dis :
Non, depuis que des Dieux je parle le langage,
Je n'ai point (on le sait) prodigué mon encens.
Je n'avais avant toi jamais rendu d'hommage
Qu'à Louis seul pour qui je sens
Toute la tendresse où s'engage
Un cœur respectueux et sage,
Qui s'est mis au-dessus du commerce des sens.
Goûte donc un plaisir que ne connaît personne
Hors le Héros que je chéris.
Les louanges sont d'un grand prix
Lorsque c'est le cœur qui les donne.

VII
BALLADE
À MADEMOISELLE D****[1]

Ores[2] est temps de vous donner conseil
Sur les périls où beauté vous expose.
Fille ressemble à ce bouton vermeil
Qu'en peu de jours on voit devenir rose[3].
Tant qu'est bouton on voudrait en jouir,
Nul ne le voit sans désir de rapine[4],

Dès que le Soleil l'a fait épanouir,
On n'en tient compte, un matin le ruine,
De rose alors ne reste que l'épine.

Lorsqu'un amant, l'exemple est tout pareil,
Fait voir désirs à quoi pudeur s'oppose,
Si l'on ne fuit, l'amour est un Soleil,
Point n'en doutez par qui fleur est éclose.
Alors en bref on voit s'évanouir
Tansports et soins par qui fille peu fine
Présume d'elle, et se laisse éblouir.
Mépris succède à l'amour qui décline,
De rose alors ne reste que l'épine.

Plus de commerce avecque le sommeil,
Ou si parfois un moment on repose,
Songe cruel donne fâcheux réveil ;
Cent et cent fois on en maudit la cause.
Voir on voudrait dans la terre enfouir
Tendre secret duquel on s'imagine
Qu'un traître ira le monde réjouir.
Parle-t-on bas, on croit qu'on le devine,
De rose alors ne reste que l'épine.

ENVOI

Galants fieffés, donneurs de gabatine[5],
J'ai beau prêcher qu'on risque[6] à vous ouïr,
À coqueter[7] toute fille est encline,
Plutôt que faire approuver ma Doctrine
On filerait chanvre sans le rouir[8].
Mais quand tout bas faut appeler Lucine[9],
De rose alors ne reste que l'épine.

VIII
RONDEAU
À M. L'ABBÉ ****

Qui lui avait écrit qu'il n'y avait rien
De si triste qu'une extrême sagesse[1]

Fleur de vingt ans tient lieu de toute chose :
Si sort voulait lui qui de tout dispose
Pour vos péchés un peu me rajeunir,
Prélat futur, je saurais vous punir
De tous les maux où votre avis m'expose.

Point ne craignez telle Métamorphose,
Trop bien savez que quoi qu'on se propose,
On tâche en vain à faire revenir
Fleur de vingt ans.

Quel sérieux ! Dirait-on pas qu'on n'ose
Rire avec vous ? en vain votre air impose :
Nous savons bien à quoi nous en tenir
Tout en disant, Dieu veuille vous bénir,
Vous cueilleriez, beau Sire, à porte close
Fleur de vingt ans.

IX
BALLADE[1]

Votre bonne foi m'épouvante,
Vous croyez trop légèrement.
Si l'on aimait fidèlement,
Serais-je encor indifférente ?
Être la dupe des douceurs
D'une troupe vaine et galante,
Est le destin des jeunes cœurs.
De cette conduite imprudente
Il n'est cœur qui ne se repente.
Tous les hommes sont des trompeurs.

Jeune, belle, douce, brillante,
Le cœur tendre, l'esprit charmant ;
Des malheurs de l'engagement
Ne prétendez pas être exempte.
Affectons-nous quelques rigueurs ;
On se rebute dans l'attente
Des plus précieuses faveurs.
La tendresse est-elle contente ;
On entend dire à chaque Amante,
Tous les hommes sont des trompeurs.

Vous croyez que la crainte invente
Les dangers qu'on court en aimant,
S'il plaît à l'Amour, quelque Amant
Un jour vous rendra plus savante.
Vers les dangereuses langueurs

Vous avez une douce pente ;
Vous soupirerez des malheurs
Dont vous paraissez ignorante ;
Vous mériterez qu'on vous chante,
Tous les hommes sont des trompeurs.

ENVOI

Si pour vous épargner des pleurs
Ma raison n'est pas suffisante,
Regardez ce que représente
Le Serpent caché sous les fleurs[2] ;
Il nous dit, tremblez, Amarante,
Tous les hommes sont des trompeurs.

X
RONDEAU[1]

Entre deux draps de toile belle et bonne,
Que très souvent on rechange, on savonne,
La jeune Iris au cœur sincère et haut,
Aux yeux brillants, à l'esprit sans défaut,
Jusqu'à midi volontiers se mitonne[2].

Je ne combats de goûts contre personne,
Mais franchement sa paresse m'étonne,
C'est demeurer seule plus qu'il ne faut
Entre deux draps.

Quand à rêver ainsi l'on s'abandonne,
Le traître amour rarement le pardonne ;
À soupirer on s'exerce bientôt,
Et la vertu soutient un grand assaut,
Quand une fille avec son cœur raisonne
Entre deux draps.

XI
ÉPÎTRE CHAGRINE AU TRÈS RÉVÉREND PÈRE DE LA CHAISE[1]

Sous le débris de vos attraits
Voulez-vous demeurer toujours ensevelie ?
M'a dit quelqu'un[2], d'un nom que par raison je tais,
Qui s'est imaginé que ma mélancolie
Vient moins d'une santé dès longtemps affaiblie,
Que du reproche amer qu'en secret je me fais,
De n'être plus assez jolie
Pour faire naître encor quelque tendre folie ;
Frivole honneur, sur quoi je ne comptai jamais.

Apprenez, me disait ce quelqu'un Anonyme,
Que lorsque ce qu'on a de beau
Est du temps ou des maux devenu la victime,
Il faut pour acquérir une nouvelle estime,
Se faire un mérite nouveau ;
Que c'est ne vivre plus que de vivre inutile ;
Qu'il faut dans quelque rang qu'on soit,
Que jusqu'au dernier jour une personne habile

Tienne au monde par quelque endroit.
Vous ne répondez point ! d'où vient votre silence ?
Il vient, lui dis-je alors exprès pour découvrir
Où tendait cette belle et sage remontrance,
De ce qu'en moi-même je pense
Quel mérite nouveau je pourrais acquérir.
Je n'en vois point, tant je suis sotte.
Abus, s'écria-t-il ! hé, devenez dévote.
Ne le devient-on pas à la Ville, à la Cour ?
Moi dévote ! qui moi ? m'écriai-je à mon tour,
L'esprit blessé d'un terme employé d'ordinaire
Lorsque d'un Hypocrite on parle avec détour.
Oui, vous, répliqua-t-il ; vous ne sauriez mieux faire.
De la dévotion ayez moins de frayeur.
Elle est rude pour le vulgaire,
Mais pour nous il ne faut qu'un peu d'extérieur.
Allez, pour soutenir le dévot caractère,
Il n'en coûtera pas beaucoup à votre cœur.

Tout ce que la fortune a pour vous d'injustices
Par là pourrait se réparer.
Regardez vos Parents vieillir sans Bénéfices.
Songez qu'à votre Époux cinquante ans de services[3]
N'ont encor pu rien procurer ;
Qu'un tas de Créanciers à votre porte gronde,
Et que chez les Dévots, biens, honneurs, tout abonde.
Que la mode est pour eux, et peut longtemps durer,
Et qu'outre ces raisons sur quoi chacun se fonde,
Vous aurez droit de censurer
Les actions de tout le monde.

Allons doucement, s'il vous plaît,
Lui dis-je, et supposé qu'à vos leçons fidèle,
Je prenne aux yeux du monde une forme nouvelle
Par une raison d'intérêt,
LOUIS, éclairé comme il est,
Quoi que vous osiez me promettre,
Connaîtra ma fourbe[4] ; il pénètre
Au-delà de ce qui paraît.
À quoi m'aura servi ma dévote grimace,
Qu'à m'en faire moins estimer ;
Malheur dont la simple menace
Plus que la mort peut m'alarmer ?

Quand, me répliqua-t-il, on est à votre place,
Il ne faut pas avoir tant de précaution ;
Mais dût pour vous le sort ne changer point de face,
Certain air de dévotion,
Lorsque l'on n'est plus jeune, a toujours bonne grâce ;
Redoublez votre attention.
Voyez quel privilège au nôtre peut atteindre
Avec des mots choisis aussi doux que le miel ;
Sur les gens d'un mérite à craindre
On répand à grands flots le fiel.
On peut impunément pour l'intérêt du Ciel
Être dur, se venger, faire des injustices.
Tout n'est pour les Dévots que péché véniel.
Nous savons en vertu transformer tous les vices,
De la dévotion c'est là l'essentiel.

Taisez-vous, Scélérat, m'écriai-je irritée,
Tout commerce est fini pour jamais entre nous.
J'en aurais avec un Athée[5],

Mille fois plutôt qu'avec vous.
Mais tandis qu'en discours ma colère s'exhale,
Ce faux, ce dangereux Ami,
Sort de mon cabinet, traverse chambre et salle
D'un air bruque et confus, d'un pas mal affermi,
Et me laisse une horreur, qu'aucune horreur n'égale,
Ah ! c'est un Dévot de cabale[6].
Mais qui ne sait encor son métier qu'à demi.
Il faut de l'art au choix des raisons qu'on étale.
Aussi les habiles Dévots
Selon les gens ont leur morale,
Et ne se livrent pas ainsi mal à propos.

Qu'ils sont à redouter ! Sur une bagatelle
Leur donne-t-on le moindre ennui,
Leur vengeance est toujours cruelle.
On n'a point avec eux de légère querelle.
Fâche-t-on un Dévot, c'est Dieu qu'on fâche en lui.
Ces Apôtres du temps, qui des premiers Apôtres
Ne nous font point ressouvenir,
Pardonnent bien moins que nous autres.
Contr'eux veut-on se maintenir,
Empêcher qu'à leurs biens ils ne joignent les nôtres,
C'est une impiété qu'on ne peut trop punir.
De la Religion c'est ainsi qu'ils se jouent,
Ils ont un air pieux répandu sur le front
Que leurs actions désavouent,
Ils sont faux en tout ce qu'ils font.

Le métier de Dévot, ou plutôt d'Hypocrite,
Devient presque toujours la ressource des gens,
Qu'une longue débauche a rendus indignes ;

Des Femmes que la beauté quitte,
Ou qui d'un mauvais bruit n'ont pu se préserver,
Et de ceux qui pour s'élever
N'ont qu'un médiocre mérite.
Dès que du Cagotisme[7] on fait profession,
De tout ce qu'on a fait la mémoire s'efface.
C'est sur la réputation
Un excellent vernis qu'on passe.
Si je pouvais trouver d'assez noires couleurs,
Que j'aimerais à faire une fidèle image
Du fond de leurs perfides cœurs,
Moi qui hais le fard dans les mœurs
Encor plus que sur le visage,
Et qui sais tous les tours que mettent en usage
Nos plus célèbres imposteurs !
Quel plaisir pour moi ! quelle joie,
De démasquer ces scélérats,
À qui le vrai mérite est tous les jours en proie,
Et qui pour l'accabler par une sûre voie
De l'intérêt du Ciel couvrent leurs attentats !

Mais, me pourra dire un Critique,
Votre esprit s'égare, arrêtez.
Quand pour les faux Dévots votre haine s'explique,
Songez bien contre vous quelles gens vous mettez
Pour affaiblir les coups que sur eux vous portez,
Ils vous peindront au Roi comme une libertine.
Je frémis des ennuis que vous vous apprêtez.
Croyez-moi, contre vous que rien ne les chagrine.

Non, non, dirais-je à ce Censeur,
Je suis leur ennemie, et fais gloire de l'être,

Et s'ils osaient sur moi répandre leur noirceur,
Quelque Ouvrage pourrait paraître,
Où je les traiterais avec moins de douceur,
Et par leurs noms enfin je les ferais connaître.
Hé quoi donc, parce que le Roi
De toutes les vertus donne de grands exemples,
Que pieux, charitable, assidu dans nos Temples,
Il aime le Seigneur, le sert de bonne foi,
Que pour ses intérêts il soutient seul la guerre,
Qu'il a planté la Croix aux deux bouts de la terre,
Et que des libertins il fut toujours l'effroi,
On n'osera parler contre les Hypocrites ?
Hé, qu'ont-ils de commun avec un tel Héros ?
Censeur, sur ce que vous me dites
J'ai l'esprit dans un plein repos.

Ô vous, qui de Louis heureux et sacré guide,
Lui dispensez du Ciel les célestes trésors,
Vous dont la piété solide,
Loin d'étaler aux yeux de fastueux dehors,
Et d'avoir d'indiscrets transports,
Est pour juger d'autrui toujours lente et timide,
Vous enfin dont la probité
Du sang dont vous sortez égale la noblesse,
Daignez auprès du Prince aider la vérité,
Si quelque Hypocrite irrité
En lui parlant de moi la blesse.
De ma foi, de mes mœurs vous êtes satisfait.
Vous ne l'êtes pas tant, peut-être,
De ma soumission pour le Souverain Être,
Dans les maux que souvent la fortune me fait[8] ;
Mais si je ne suis pas dans un état parfait,

Je sens que j'y voudrais bien être.
Oui, je voudrais pouvoir, comme vous le voulez,
Sanctifier les maux qui me livrent la guerre.
Ah ! que mon cœur n'est-il de ces cœurs isolés,
Qui par aucun endroit ne tiennent à la terre,
Qui sont à leurs devoirs sans réserve immolés ;
À qui la Grâce assure une pleine victoire,
Et qui d'un divin feu brûlés,
À la possession de l'éternelle Gloire
Ne sont pas en vain appelés !

XII
LETTRE
À MADAME D'USSÉ
FILLE DE M. DE VAUBAN[1]

Quelqu'un qui n'est pas votre Époux,
Et pour qui cependant, soit dit sans vous déplaire,
Vous sentez quelque chose et de vif et de doux,
Me disait l'autre jour de prendre un ton sévère
Pour… mais dans vos beaux yeux je[2] vois de la colère !
Loin de gronder, apaisez-vous ;
Ce quelqu'un n'est, Iris, que votre illustre Père.

Elle papillonne[3] toujours,
Me disait ce grand Homme, et rien ne la corrige,
En attendant qu'un jour la raison la dirige,
Elle aurait grand besoin de quelque autre secours.
Employez tous les traits que fournit la satire
Contre une activité, qui du matin au soir

La fait courir, sauter et rire.
Assez imprudemment je lui promis d'écrire,
Car quelle raison peut valoir
Contre un léger défaut que la jeunesse donne,
Et que je ne connais personne
Qui ne voulût encore avoir ?

Avecque quatorze ans écrits sur le visage,
Il vous ferait beau voir prendre un air sérieux.
Ne renversez point l'ordre établi par l'usage,
Hé, que peut-on faire de mieux
Que de folâtrer à votre âge ?
Vous avez devant vous dix ans de badinage.
Qu'il ne s'y mêle point de moments ennuyeux.
Qu'entre les jeux, les ris[4], s'écoule et se partage
Un temps si beau, si précieux.
Vous n'en aurez que trop, hélas ! pour être sage[5].

Tout bien considéré, qu'est-ce que gâte en vous
L'activité qu'on vous reproche ?
Votre esprit n'en est pas moins doux.
Vos yeux n'en blessent pas de moins dangereux coups,
L'Insensible qui vous approche.
Vous mène-t-elle à gauche, ou plus loin qu'il ne faut ?
Non, Iris, et plus je raisonne,
Moins je trouve qu'un tel défaut
Ôte les agréments que la nature donne.
Par exemple, voici des faits
Assez connus pour qu'on s'y fonde.
Les Zéphyrs, les Ruisseaux ne s'arrêtent jamais[6].
Par leur activité perdent-ils leurs attraits ?
Contre elle est-il quelqu'un qui gronde ?

Et voit-on qu'on trouve mauvais
Que ce Dieu que déjà vous fournissez de traits,
Aille sans cesse par le monde
Troubler des cœurs l'heureuse paix ?

Mais sans chercher si loin, et sans tant de mystère,
Quels exemples d'activité
Ne rencontrez-vous point dans votre illustre Père ?
Il lui sied bien, en vérité,
De me proposer de vous faire
Des leçons de tranquillité,
Lui, qui soit en paix, soit en guerre,
Goûte moins le repos que ne font les Lutins ;
Lui qui presque semblable à ces fiers Paladins
Qui parcouraient toute la Terre,
Enlève à des Géants envieux et mutins,
Non de libertines Infantes,
Mais en chemin faisant des places importantes
Qui de l'heureuse France assurent les destins[7].
Que sur ses procédés, Iris, il réfléchisse.
Et qu'il nous dise un peu, s'il croit qu'il soit permis
De considérer comme un vice
Ce courage agissant qu'en lui le Ciel a mis.
Si quelqu'un peut s'en plaindre avec quelque justice,
Ce ne sont que nos Ennemis.

Comme la bonne foi dans mes discours éclate,
Je ne vous dissimule pas,
Qu'en suivant mes conseils on peut faire un faux pas,
Et que l'affaire est délicate.
Ils sont bons cependant ; mais jeune et belle Iris,
Il ne faut point que je me flatte,

Le temps diminuera leur prix.
Ainsi quand vous voudrez suivre ce que j'écris,
Regardez-en toujours la date.

De Paris, la veille des Rois,
L'an mil six cent quatre-vingt-douze,
Temps, où par de sévères lois
L'Église défend qu'on épouse.

XIII
VERS ALLÉGORIQUES[1]

Dans ces prés fleuris
Qu'arrose la Seine,
Cherchez qui vous mène
Mes chères Brebis.
J'ai fait pour vous rendre
Le destin plus doux,
Ce qu'on peut attendre
D'une amitié tendre,
Mais son long courroux
Détruit, empoisonne
Tous mes soins pour vous,
Et vous abandonne
Aux fureurs des Loups.
Seriez-vous leur proie
Aimable troupeau !
Vous de ce hameau
L'honneur et la joie
Vous qui gras et beau

Me donniez sans cesse
Sur l'herbette épaisse
Un plaisir nouveau.
Que je vous regrette !
Mais il faut céder,
Sans chien, sans houlette
Puis-je vous garder !
L'injuste fortune
Me les a ravis.
En vain j'importune
Le Ciel par mes cris,
Il rit de mes craintes,
Et sourd à mes plaintes
Houlette ni chien
Il ne me rend rien.
Puissiez-vous contentes
Et sans mon secours
Passer d'heureux jours
Brebis innocentes ;
Brebis mes amours.
Que Pan[2] vous défende,
Hélas ! il le sait !
Je ne lui demande
Que ce seul Bienfait.
Oui Brebis chéries
Qu'avec tant de soin
J'ai toujours nourries,
Je prends à témoin
Ces bois, ces prairies,
Que si les faveurs
Du Dieu des Pasteurs
Vous gardent d'outrages,

Et vous font avoir
Du matin au soir
De gras pâturages,
J'en conserverai
Tant que je vivrai
La douce mémoire,
Et que mes chansons
En mille façons
Porteront sa gloire ;
Du rivage heureux,
Où vif et pompeux
L'astre qui mesure
Les nuits et les jours
Commençant son cours
Rend à la nature
Toute sa parure
Jusqu'en ces climats
Où sans doute las
D'éclairer le monde
Il va chez Thétis,
Rallumer dans l'onde
Ses feux amortis.

XIV
LETTRE EN CHANSONS À MONSIEUR DESHOULIÈRES[1]

Sur l'air. Nous sommes ici demi-douzaine.

Lettres en chansons sont à la mode,
Ce badinage m'accommode,

Moi dont l'esprit est paresseux[2],
Trouvez donc bon qu'en Chansonnettes,
Qui ne seront que pour nous deux,
Je vous écrive ces sornettes.

Sur l'air de Landrirette.

Quels sont vos divertissements ?
Passez-vous de fort doux moments ?
Landrirette.
Je ne sais quoi, me dit qu'oui,
Landriri.

Sur l'air de Ha ! Monsieur le Capitaine.

Chez moi ce n'est pas de même,
J'ai toujours quelque bobo,
Vous pouvez faire carême[3],
Chez moi ce n'est pas de même
Vous n'êtes chagrin, ni blême,
Vous faites fort bien dodo[4].
Chez moi ce n'est pas de même,
J'ai toujours quelque bobo.

Sur l'air. Vit-on jamais Nymphe[5] plus gentille.

S'il est vrai qu'un Maréchal de France[6],
Que Louis estime tant,
Vous ait fait pour moi quelque tendre avance
Lui que je croyais indifférent,
Dussiez-vous être jaloux je pense
Que je payerai comptant,

Sur l'air. Vive l'amour sur la fougère.

Il veut de moi des bagatelles,
Il en aura,
Tant qu'il voudra,
Des plus nouvelles,
Je m'en vais quitter ma paresse,

Pour lui marquer mon respect, ma tendresse,
Mais,
Si désormais,
Vous devenez jaloux,
Il faut s'en prendre à vous.
Sur l'air de Nos fâcheux Maris jaloux.
M'écrire de bonne foi,
L'estime qu'il a pour moi,
Quelle imprudence est la vôtre !
Mais n'allez pas vous venger,
Le danger,
À deux cents lieues l'un de l'autre,
Est fort léger[7].
Sur l'air d'une Bourrée. Nommer un Ange.
Changeons de thèse,
De tels propos,
N'ont rien qui plaise,
Un jeune héros,
Que dès votre jeune âge,
Vous servez si bien,
Sera pour vous je gage,
Un plus doux entretien.
Autre Bourrée. Sur le chant de À ta santé.
Depuis huit jours,
Tous les amours,
Reviennent habiter le château de Versailles ;
Savez-vous bien pourquoi,
C'est qu'ils suivent le Roi.
Sur le chant de Le beau berger Tirsis.
Après avoir soumis,
Trois des plus fortes villes[8],
Rendu de nos ennemis,

Tous les projets inutiles ;
Des plaisirs plus tranquilles,
Peuvent être permis.
Sur l'air. Quelqu'un a dit à ma belle.
Nous verrons toute la terre,
Assujettie à ses lois,
Pour l'amour ou pour la guerre,
Dès qu'il daigne faire un choix,
Un Dieu lui prête son tonnerre,
Un Dieu lui prête son carquois[9].
Sur l'air. Des Pèlerins.
On voit sur ses pas,
Son illustre Frère,
Tout brillant d'appas,
Au milieu des combats,
Affronter le trépas.
Montcassel,
Le rend immortel,
Mais semblable au Dieu de Cythère
Est-on propre à faire,
Ces exploits inouïs,
Qui vous ont réjouis.
Rien n'est impossible pour plaire,
Au fameux Louis.
Sur l'air des Triolets.
L'hôtel[10] s'apprête à nous donner,
Les vieilles pièces de Corneille ;
Mais ce qui va vous étonner,
L'hôtel s'apprête à nous donner,
Le fils de La Fleur[11] pour jouer,
Nicomède ! Ô rare merveille !
L'hôtel s'apprête à nous donner

Les vieilles pièces de Corneille.
Sur l'air. Depuis Janvier jusqu'en Avril.
Je ne saurais vous dire rien,
Ni du Théâtre Italien,
Ni de celui de la Molière[12],
Ils sont selon moi but à but.
Et pour gens à grand caractère,
Hors de l'hôtel point de salut,
Sur l'air de Sommes-nous pas bienheureux ?
Je m'amuse trop longtemps
À vous parler du Théâtre,
On voit bien que j'Idolâtre,
Tout ce qu'il a d'agréments.
Les bois, les prés, les fontaines,
Peuvent aussi me toucher
Mais depuis quelques semaines
Je ne saurais les chercher.
Sur l'air de Daye dandaye.
J'ai perdu Messieurs mes chevaux,
C'étaient des vilains animaux,
Il leur fallait toujours dire haye,
Daye dandaye.
Sur l'air de La jeune Iris sans cesse me suit.
Être à pied n'est pas le seul chagrin,
Qui fait ma mélancolie ;
Je dors à peu près comme un lutin[13],
Je m'alarme, je m'oublie,
Et s'il faut vous l'avouer enfin,
J'aime jusques à la folie[14].
Sur le chant de La Gaillarde.
Revenez de l'étonnement,
Ou vous a dû mettre ce compliment,

J'aime, il est vrai, mais Dieu merci,
Une chatte fait mon souci.
Sur l'air de Si l'amour était ivrogne.
De mon aimable Grisette,
Le nom est déjà connu,
Elle me rend inquiète,
Plus que je n'aurais voulu ;
Croyez-en la chansonnette,
Qui par le monde a couru.
Sur l'air de Si le péril est agréable.
Deshoulières est toujours ingrate,
Pour ceux que ses beaux yeux ont pris,
Et son cœur comme une souris,
Est pris par une chatte.
Sur l'air. Des Feuillantines.
Voilà ce qu'un bel esprit,
Par dépit,
Composa près de mon lit,
En voyant ma chatte grise,
Se rouler sur ma chemise.
Sur l'air de Peste du Jérémie.
La friponne me baise,
Et se met dans mes draps,
M'égratigne à son aise,
Comme on voit à mes bras,
Par ses joujoux je pense,
Adoucir une absence,
Dont je me plains tout bas.
Sur l'air de Vous avez belle Bargis.
Si l'on osait aux Époux,
Écrire d'un style doux,
Je pousserais des Hélas,

Mais aux chères précieuses,
Le bon air ne le veut pas.
Sur le Chant de Je ne veux pas vous connaître.
Quelque tendre qu'on puisse être,
Dès lors que le sacrement,
A décidé du peut-être,
Comme par enchantement,
On voit bientôt disparaître,
Et la maîtresse, et l'amant[15].
Sur le Chant de Buvons à nous quatre.
L'Amour en ménage,
Trouve peu d'appas,
On ne le mitonne pas,
Et de l'esclavage,
Il est bientôt las.
Sur le chant de Lorsque Philis à mes yeux est contraire.
J'aurais encor quelque chose à vous dire,
Sur les chagrins d'un amour enchaîné,
Je pourrais aussi bien vous faire rire
D'un pauvre auteur toujours infortuné,
De vos amis je devrais vous écrire,
Mais j'aperçois qu'il est midi sonné,
Et que je n'ai pas déjeuné.
Sarabande. Sur le Chant de Mes yeux ont vu l'adorable Climène.
Dans cet endroit je vous suis sans le mettre,
Tout ce qu'on est à la fin d'une lettre.
Sur le chant de Durant que nous sommes.
Fait à ma toilette,
Le septième Juin,
Partageant avec Grisette,
Et mon papier et mon soin.

XV
CÉLIMÈNE
Églogue[1]

Assise au bord de la Seine,
Sur le penchant d'un coteau,
La Bergère Célimène
Laisse paître son troupeau.

Il descend dans la prairie,
Sans qu'elle daigne songer
Que le loup pourra manger
Sa brebis la plus chérie.

Le souvenir d'un Berger,
Que la fortune cruelle
Force à vivre éloigné d'elle
Dans un climat étranger,
Cause la douleur mortelle
Qui lui fait tout négliger.

Tantôt cédant à la force
De ses amoureux transports,
Elle grave sur l'écorce[2]
Des arbrisseaux de ces bords :

Puisse durer, puisse croître
L'ardeur de mon jeune amant,

Comme feront sur ce hêtre
Ces marques de mon tourment !

Tantôt mêlant sur le sable
Le nom d'Acante, et le sien,
Elle trouve insupportable
Qu'un Zéphyr impitoyable
En passant n'en laisse rien.

Quelle cruelle aventure,
Dit-elle avec un soupir,
Si ce qu'a fait le Zéphyr
M'est un véritable augure,
Que de si tendres amours
Ne dureront pas toujours !

Je briserais la musette[3]
Que me laissa l'imposteur
Et du fer de ma houlette[4]
Je me percerais le cœur.

À ces mots, elle repasse
Dans son esprit alarmé,
L'air, les traits, l'esprit, la grâce
De ce berger trop aimé.

Les oiseaux de ce Bocage
Se taisent pour écouter
Ce qu'ils l'entendent chanter
Du beau berger qui l'engage :
Ils voudraient le répéter,

Mais leur plus tendre ramage,
Ne la saurait imiter.

Jamais cette triste amante,
Ne voit sur l'herbe naissante
Folâtrer d'heureux Amants,
Qu'elle ne se représente
Combien l'absence d'Acante
Lui vole de doux moments.

Jamais des bergers ne viennent
De ces bords délicieux,
Où les destins le retiennent,
Que son amour curieux
Ne s'informe si ces lieux
Ont des nymphes[5] assez belles
Pour faire des infidèles.

Enfin mille fois le jour
Elle veut, elle appréhende
Tout ce que craint et demande
Le plus violent amour.

Qu'on doit plaindre une Bergère
Si facile à s'alarmer !
Pourquoi du plaisir d'aimer
Faut-il se faire une affaire ?
Quels bergers en font autant
Dans l'heureux siècle[6] où nous sommes ?
Acante qu'elle aime tant,
Est peut-être un inconstant
Comme tous les autres hommes.

II. CHANSONS, BALLADES, RONDEAUX...

XVI
CHANSON[1]

Ah ! que je sens d'inquiétude !
Que j'ai de mouvements qui m'étaient inconnus !
Mes tranquilles plaisirs, qu'êtes-vous devenus ?
Je cherche en vain la solitude.
D'où viennent ces chagrins, ces mortelles langueurs ?
Qu'est-ce qui fait couler mes pleurs
Avec tant d'amertume et tant de violence ?
De tout ce que je fais mon cœur n'est point content.
Hélas ! cruel Amour, que je méprisais tant,
Ces maux ne sont-ils point l'effet de ta vengeance ?

XVII
BALLADE[1]

Il est saison de causer près du feu.
Le blond Phébus, chère Iris, se retire :
L'Aquilon[2] souffle ; et d'un commun aveu,
Point n'est ma chambre exposée à son ire[3],
Viens-y souper, j'ai du muscat charmant.

Quand je te vois ma tendresse s'éveille,
Désirerais[4] être homme en ce moment,
Ou quand ta voix se mêle follement
Au doux glouglou que fait une bouteille.

En dévorant carpe de Seine au bleu,
De sottes gens à l'aise pourront rire :
Trop bien savons qu'il n'en est pas pour peu :
Plaisante et longue en sera la satire.
Nous chercherons un nouvel enjouement,
Un nouveau feu dans le jus de la treille :
C'est un secours contre plus d'un tourment ;
Il n'en est point qui ne cède aisément
Au doux glouglou que fait une bouteille.

Le verre en main je prétends faire un vœu,
Dont nul mortel ne me fera dédire :
C'est de braver, ceci n'est point un jeu,
Ce traître Amour qu'on ne peut trop maudire.
Les repentirs suivent l'engagement.
N'écoutons point ce que le cœur conseille :
Ne préférons pour vivre heureusement,
Ni les soupirs, ni les soins d'un amant,
Au doux glouglou que fait une bouteille.

ENVOI

Cruel Amour, j'en fais ici serment,
Si tu me mets un jour puce à l'oreille[5],
Je veux jamais ne trouver d'agrément,
Au doux glouglou que fait une bouteille.

XVIII
CHANSON[1]

Du charmant Berger que j'adore
Un sort cruel menace les beaux jours.
Ruisseaux vous le savez et vous coulez toujours ;
Rossignols[2] vous chantez encore.
Vous les seuls confidents de nos tendres amours,
Taisez-vous, arrêtez votre cours.
Du charmant Berger que j'adore
Un sort cruel menace les beaux jours.

XIX
RONDEAU[1]

Contre l'amour, voulez-vous vous défendre ?
Empêchez-vous et de voir et d'entendre
Gens dont le cœur s'explique avec esprit.
Il en est peu de ce genre maudit,
Mais trop encor pour mettre un cœur en cendre.

Quand une fois il leur plaît de nous rendre
D'amoureux soins, qu'ils prennent un air tendre,
On lit en vain tout ce qu'Ovide écrit
Contre l'amour.

De la raison il ne faut rien attendre[2] :
Trop de malheurs n'ont su que trop apprendre

Qu'elle n'est rien dès que le cœur agit.
La seule fuite, Iris, nous garantit.
C'est le parti le plus utile à prendre,
Contre l'amour.

XX
MADRIGAL[1]

Je ne saurais passer un jour
Sans me ressouvenir du beau berger que j'aime :
Quand j'y pense un plaisir extrême
Vient redoubler l'ardeur que j'ai pour son retour.
Triste devoir dont je n'ose me plaindre
À ce retour, hélas ! n'aurez-vous rien à craindre ?
Si pour y penser seulement
Des plus tendres transports je sens la violence,
Quand je reverrai mon amant
Que ne sera point sa présence ?

XXI
CHANSON[1]

Le cœur tout déchiré par un secret Martyre,
Je ne demande point, Amour,
Que sous ton tyrannique empire
L'insensible Tircis s'engage quelque jour.
Pour punir son âme orgueilleuse
De l'immortel affront qu'il fait à mes attraits,

N'arme point contre lui ta main victorieuse :
Sa tendresse pour moi serait plus dangereuse
Que tous les maux que tu me fais.

XXII
BALLADE[1]

Dans ce Hameau je vois de toutes parts
De beaux atours mainte Fillette ornée :
Je gagerais que quelque jeune Gars
Avec Catin[2] unit sa destinée ;
Elle a l'œil doux, elle a les traits mignards,
L'air gracieux, l'humeur point obstinée,
Mais grand défaut gâte tous ses attraits ;
Point n'a d'écus : pour belle qu'on soit née,
L'Amour languit sans Bacchus et Cérès.

De doux propos et d'amoureux regards
On ne saurait vivre toute l'année.
Jeunes Maris deviennent tôt Vieillards,
Quand leur convient jeûner chaque journée ;
Soucis pressants chassent pensers gaillards.
Tendresse alors est en bref terminée ;
S'il en paraît, ce n'est qu'*ad honores*[3] :
Par maints grands Clercs l'affaire examinée,
L'Amour languit sans Bacchus et Cérès.

L'âtre entouré d'un tas d'enfants criards,
De créanciers la porte environnée,
D'un triste hymen tous les autres hasards

Font endurer peine d'âme damnée,
Et donnent joie aux voisins babillards.
Myrtes dont fut la tête couronnée
Voir on voudrait transformés en Cyprès[4].
D'un tel désir point ne suis étonnée
L'Amour languit sans Bacchus et Cérès.

ENVOI

Vous, qui d'Amour suivez les étendards,
Point ne croyez cauteleux papelards[5]
Disant, Beauté suffit pour l'hyménée.
Si vous voulez en tout faire florès,
Qu'avec beauté grosse dot soit donnée,
L'Amour languit sans Bacchus et Cérès.

XXIII
IRIS
Églogue[1]

La Terre fatiguée, impuissante, inutile,
Préparait à l'hiver un triomphe facile :
Le Soleil sans éclat précipitant son cours,
Rendait déjà les nuits plus longues que les jours,
Quand la Bergère Iris de mille appâts ornée,
Et malgré tant d'appâts Amante infortunée,
Regardant les buissons à demi dépouillés,
Vous que mes pleurs, dit-elle, ont tant de fois mouillés,
De l'Automne en courroux ressentez les outrages.
Tombez feuilles, tombez, vous dont les noirs ombrages

Des plaisirs de Tirsis faisaient la sûreté,
Et payez-le que vous m'avez coûté.
Lieux toujours opposés au bonheur de ma vie,
C'est ici qu'à l'Amour je me vis asservie !
Ici j'ai vu l'ingrat qui me tient sous ses lois :
Ici j'ai soupiré pour la première fois ;
Mais tandis que pour lui je craignais mes faiblesses,
Il appelait son chien[2], l'accablait de caresses,
Du désordre où j'étais loin de se prévaloir,
Le cruel ne vit rien, où ne voulut rien voir !
Il loua mes moutons, mon habit, ma houlette ;
Il m'offrit de chanter un air sur sa musette[3],
Il voulut m'enseigner quelle herbe va paissant
Pour reprendre sa force un Troupeau languissant,
Ce que fait le Soleil des brouillards qu'il attire ;
N'avait-il rien, hélas ! de plus doux à me dire ?
Depuis ce jour fatal que n'ai-je point souffert !
L'absence, la raison, l'orgueil, rien ne me sert.
J'ai de nos vieux Pasteurs consulté le plus sage ;
J'ai mis tous ses conseils vainement en usage ;
De victimes, d'encens j'ai fatigué les Dieux ;
J'ai sur d'autres Bergers souvent tourné les yeux ;
Mais ni le jeune Atis, ni le tendre Philène,
Les délices, l'honneur des rives de la Seine[4],
Dont le front fut cent fois de myrtes couronné[5]
Savants en l'art de vaincre un courage obstiné,
Et que j'aidais moi-même à me rendre inconstante,
N'ont pu rompre un moment le charme qui m'enchante.
Encor serais-je heureuse en ce honteux lien,
Si ne pouvant m'aimer, mon Berger n'aimait rien ;
Mais il aime à mes yeux une beauté commune,
À posséder son cœur il borne sa fortune,

C'est pour elle qu'il perd le soin de ses troupeaux,
Pour elle seulement résonnent ses pipeaux[6],
Et loin de se lasser des faveurs qu'il a d'elle
Sa tendresse en reprend une force nouvelle.
Bocages, de leurs feux uniques confidents,
Bocages que je hais, vous savez si je mens
Depuis que les beaux jours à moi seule funestes,
D'un long et triste hiver[7] eurent chassé les restes
Jusqu'à l'heureux débris de vos frêles beautés,
Quels jours ont-ils passés dans ces lieux écartés !
Que n'y reprochiez-vous à l'ingrat que j'adore,
Que malgré ses froideurs, hélas, je l'aime encore !
Que ne lui peigniez-vous ces mouvements confus,
Ces tourments, ces transports, que vous avez tant vus ?
Que ne lui disiez-vous, pour tenter sa tendresse,
Que je sais mieux aimer que lui, que sa Maîtresse ?
Mais ma raison s'égare… Ah ! quels soins, quels secours
Dois-je attendre de vous, qui servez leurs amours !
Les Dieux à mes malheurs seront plus secourables.
L'hiver aura pour moi des rigueurs favorables.
Il approche, et déjà les fougueux aquilons[8]
Par leur souffle glacé désolent nos vallons ;
La neige qui bientôt couvrira la prairie,
Retiendra les troupeaux dans chaque bergerie,
Et l'on ne verra plus sous votre ombrage assis
Ni l'heureuse Daphné, ni l'amoureux Tirsis.
Mais, hélas ! quel espoir me flatte et me console ?
Avec rapidité le temps fuit et s'envole[9],
Et bientôt le printemps à mon âme odieux
Ramènera Tirsis et Daphné dans ces lieux.
Feuilles, vous reviendrez, vous rendrez ces bois sombres ;

Ils s'aimeront encor sous vos perfides ombres,
Et mes vives douleurs, et mes transports jaloux
Pour mon ingrat Amant renaîtront avec vous.

XXIV
CHANSON[1]

Soyons toujours inexorable,
Un amant bien traité se rend insupportable ;
Il néglige l'objet dont son cœur est charmé :
De tous les petits soins il devient incapable :
Un amant sûr d'être aimé
Cesse toujours d'être aimable.

Si l'amour est inévitable,
S'il faut pour un Berger brûler d'un feu semblable
À celui dont son cœur nous paraît consumé,
Par de feintes rigueurs rendons-le misérable :
Un amant sûr d'être aimé
Cesse toujours d'être aimable.

XXV
ODE
À CLIMÈNE[1]

Ne pourra-t-on vous contraindre
À quitter de tristes lieux ?
Faudra-t-il toujours se plaindre
De ne point voir vos beaux yeux ?

Encor quand les fleurs nouvelles
Naissent partout sous les pas,
Quand toutes les nuits sont belles,
La campagne a des appas.

Mais quand l'hiver la désole,
Qu'on ne peut se promener,
Climène, il faut être folle
Pour ne pas l'abandonner.

De ce qui vous y peut plaire
Daignez nous entretenir ;
Je ne vois qu'une chimère
Qui vous y peut retenir.

Oui, j'ai deviné sans doute
D'où vient un si long séjour :
Votre jeune cœur redoute
Un mal qu'on appelle amour.

Vous croyez qu'on ne le gagne
Qu'au milieu des jeux, des ris[2] :

Il se prend à la campagne,
Comme il se prend à Paris[3].

On fait bien quand on évite
Une tendre passion.
Mais, hélas, en est-on quitte
En fuyant l'occasion ?

Non, c'est en vain qu'on s'assure
Contre ce qu'on peut prévoir.
Une bizarre aventure
Met un cœur sous son pouvoir.

Cette solitude[4] affreuse
Où vous passez vos beaux jours,
Est souvent plus dangereuse
Que les plus superbes Cours.

Votre désert est sauvage :
Dans un plus sauvage encor
Angélique fière et sage
Rencontra le beau Médor[5].

Quittez donc des champs stériles
Pour vous garder impuissants :
Venez de feux inutiles
Faire brûler mille amants.

Ne redoutez point le piège
Qu'ils tendront à votre cœur :
De tous les forts qu'on assiège
On n'est pas toujours vainqueur.

La sagesse la plus frêle
Avec le plus beau Berger,
Si le destin ne s'en mêle
Ne court pas un grand danger.

Vous ne voudrez pas en croire
Tout ce qu'on vous en dira :
Mais écoutez une histoire
Qui vous persuadera.

J'allais cacher ma tristesse
Dans ces aimables déserts,
Où pour sa tendre maîtresse
Desportes[6] faisait des vers.

Je m'étais assise à peine
Dans le plus sombre du bois,
Quand j'ouïs du beau Philène
Et les soupirs et la voix.

Seul aux pieds d'une Bergère
Qui riait de son souci,
Cet amant tendre et sincère
Tout en pleurs parlait ainsi.

Avec quelle indifférence
Passez-vous vos plus beaux jours ?
Iris, dans cette indolence
Demeurerez-vous toujours ?

Non, vous deviendrez sensible :
Ce cœur, ce superbe cœur
À l'amour inaccessible
Sentira sa vive ardeur.

Quelqu'un est né pour vous plaire ;
Rien ne vous en sauvera :
Ce que je ne pourrai faire,
Un plus heureux le fera.

Tout aime dans la nature[7] :
Dans le barbare séjour
Où règne l'âpre froidure,
On sent les feux de l'amour.

Le temps d'une aile légère
Emportera loin de vous
Cette beauté passagère
Dont les charmes sont si doux.

Lors d'une vaine sagesse
Reconnaissant les abus,
Vous prendrez de la tendresse,
Et vous n'en donnerez plus.

En tout temps l'amour nous dompte ;
On règle en vain ses désirs :
Vous aurez à votre honte
Ses peines sans ses plaisirs.

Craignez sa juste colère,
Et par un doux repentir,

Épargnez-vous, ma Bergère,
Les maux qu'il me fait sentir.

Aimez un amant fidèle,
Quoi qu'en dise la raison :
Jeune Iris tant qu'on est belle
Elle n'est pas de saison.

Contre un amant qui sait plaire
Elle perd toujours son temps :
Croyez-moi, faites-la taire
Encore quinze ou vingt ans.

Mettez votre cœur en proie
Aux amoureuses langueurs :
Il n'est de solide joie
Que dans l'union des cœurs.

Ainsi d'un air agréable
Philène ce beau Berger
Aux belles si redoutable
La pressait de s'engager.

Les oiseaux, le doux Zéphyr
Et les échos d'alentour,
Comme lui semblaient lui dire,
Rien n'est si doux que l'amour.

Mais le cœur de l'inhumaine
Se taisait obstinément :
Quand le cœur se tait, Climène,
Tout parle inutilement.

XXVI
RONDEAU[1]

Taisez-vous tendres mouvements,
Laissez-moi pour quelques moments :
Tout mon cœur ne saurait suffire
Aux transports que l'amour m'inspire
Pour le plus parfait des amants.

À quoi servent ces sentiments ?
Dans mes plus doux emportements
Ma raison vient toujours me dire
Taisez-vous.

La cruelle depuis deux ans…
Mais, hélas ! quels redoublements
Sens-je à mon amoureux martyre ?
Mon Berger paraît, il soupire :
Le voici, vains raisonnements
Taisez-vous !

XXVII
RONDEAU[1]

Le bel esprit, au siècle de Marot
Des dons du Ciel passait pour le gros lot,
Des grands Seigneurs il donnait accointance,
Menait parfois à noble jouissance,
Et qui plus est, faisait bouillir le pot[2].

Or est passé ce temps où d'un bon mot,
Stance ou dizain on payait son écot.
Plus n'en voyons qui prennent pour finance
Le bel esprit.

À prix d'argent l'auteur comme le sot,
Boit sa chopine, et mange son gigot,
Heureux encor d'en avoir suffisance[3].
Maints ont le chef[4] plus rempli que la panse,
Dame ignorance a fait enfin capot[5]
Le bel esprit.

XXVIII
CHANSON[1]

1 À la Cour
Aimer est un badinage,
Et l'amour
N'est dangereux qu'au Village.

Un Berger,
Si sa Bergère n'est tendre,
Sait se pendre[2],
Mais il ne saurait changer.
Et parmi nous quand les belles
Sont légères ou cruelles,
Loin d'en mourir de dépit,
On en rit,
Et l'on change aussitôt qu'elles.

XXIX
MADRIGAL[1]

Alcidon contre sa Bergère
Gagea trois Baisers que son chien
Trouverait plutôt que le sien
Un flageolet[2] caché sous la fougère.
La Bergère perdit, et pour ne point payer
Elle voulut tout employer.
Mais contre un tendre amant c'est en vain qu'on s'obstine.
Si des baisers gagés par Alcidon
Le premier fut pure rapine,
Les deux autres furent un don.

XXX
STANCES[1]

Agréables transports qu'un tendre amour inspire,
Désirs impatients, qu'êtes-vous devenus ?
Dans le cœur du Berger pour qui le mien soupire,
Je vous cherche, je vous désire,
Et je ne vous retrouve plus.

Son rival est absent, et la nuit qui s'avance
Pour la troisième fois a triomphé du jour,
Sans qu'il ait profité de cette heureuse absence ;
Avec si peu d'impatience,
Hélas ! on n'a guère d'amour !

Il ne sent plus pour moi ce qu'on sent quand on aime,
L'infidèle a passé sous de nouvelles lois.
Il me dit bien encor que son mal est extrême,
Mais il ne le dit plus de même
Qu'il me le disait autrefois.

Revenez dans mon cœur paisible indifférence
Que l'amour a changée en de cuisants soucis.
Je ne reconnais plus sa fatale puissance,
Et grâce à tant de négligence
Je ne veux plus aimer Tircis.

Je ne veux plus l'aimer, ah, discours téméraire !
Voudrais-je éteindre un feu qui fait tout mon bonheur ?

Amour, redonnez-lui le dessein de me plaire :
Mais quoi que l'ingrat puisse faire,
Ne sortez jamais de mon cœur.

XXXI
CHANSON[1]

Revenez charmante verdure,
Faites régner l'ombrage, et l'amour dans nos bois :
À quoi s'amuse la nature,
Tout est encor glacé dans le plus beau des mois ?
Si je viens vous presser de couvrir ce Bocage,
Ce n'est que pour cacher aux regards des jaloux
Les pleurs que je répands pour un Berger volage.
Ah ! je n'aurai jamais d'autre besoin de vous ?

XXXII
CHANSON[1]

On connaît peu l'amour lorsqu'on ose assurer
Qu'avec la jalousie il ne saurait durer :
Loin de le ralentir, tout ce qu'elle conseille
Ne sert qu'à le rendre plus fort.
Un peu de jalousie éveille
Un amour heureux qui s'endort.

XXXIII
AIR[1]

Aimables habitants de ce naissant Feuillage,
Qui semble fait exprès pour cacher vos amours ;
Rossignols, dont le doux ramage
Aux douceurs du sommeil m'arrache tous les jours,
Que votre chant est tendre !
Est-il quelques ennuis qu'il ne puisse charmer ?
Mais hélas ! n'est-il point dangereux de l'entendre
Quand on ne veut plus rien aimer ?

XXXIV
RONDEAU[1]

Coiffé d'un vilain bonnet gras,
Martin est gîté dans des draps,
À peu près blancs comme l'ébène,
Où punaises et poux à centaine
Viennent faire de bons repas.

Un vieux pot de terre est en bas
Où ce polisson fait son cas[2] ;
Que n'en est-il, par la mordienne[3],
Coiffé.

Sur le plancher est un gros tas
De Livres rongés par les rats.

D'onguents suspects la table est pleine.
Cependant Martin croit sans peine,
Plus d'un cœur de ses doux appas
Coiffé.

XXXV
AIR[1]

Dans un bois sombre et solitaire
Iris seule avec son Berger,
Sentit que s'il osait devenir téméraire,
Elle courait un grand danger.
La charmante couleur qu'un peu de honte attire,
Sur son beau teint se répandit,
Et le Berger entendit
Ce que sa rougeur voulait dire.

III. LA PLUME À LA PATTE

XXXVI
LETTRE DE GAS, *Épagneul de Madame Deshoulières*, À MONSIEUR LE COMTE DE L.T.[1]

Pour vous marquer mon courroux,
J'ai mis la plume à la patte ;
Il est temps que contre vous
Toute ma colère éclate.
Vous m'avez rendu jaloux ;
Entre nous autres Toutous,
Nous sommes là-dessus d'humeur fort délicate :
Pour se bien mettre avec nous,
En vain le Blondin[2] nous flatte,
Nous n'en sommes pas plus doux,
Nous mordons jusqu'à l'Époux.
Malgré ce naturel incommode et farouche,
Je vous écoutais sans dépit
Louer de ma Maîtresse et les yeux et la bouche ;
Ne croyant ces douceurs qu'un simple jeu d'esprit,
Sans m'opposer à rien, je dormais sur son Lit.
Si ce souvenir vous touche
Ne songez plus à m'ôter
La place que je possède :
Croyez-vous la mériter ?
Croyez-vous que je la cède ?

Sept fois l'aimable Printemps
À fait reverdir les Champs,
Sept fois la triste froidure
En a chassé la verdure,
Depuis le bienheureux jour
Que je suis chien d'Amarille[3].
À ses pieds j'ai vu la Cour,
À ses pieds j'ai vu la Ville
Vainement brûler d'amour ;
Seul j'ai su par mon adresse
Dans son insensible cœur[4]
Faire naître la tendresse.
Ne troublez plus mon bonheur :
Quand pour venger son honneur,
Le petit Dieu surbonneur[5]
Qu'en tous lieux elle surmonte,
Déciderait à ma honte
Sur les droits que je prétends,
Sachez, notre illustre Comte,
Que j'ai de fort bonnes dents.

GAS.

XXXVII
LETTRE DE GAS,
Épagneul de Madame Deshoulières,
À COURTE-OREILLE,
*Tourne-broche de M.*****[1]

J'apprends de tous côtés que malgré le destin
Qui vous a fait naître Mâtin,
Vous chassez pourtant à merveille.
Ce grand Lièvre fut pris par le preux Courte-oreille
(Disait-on l'autre jour en ouvrant un Pâté.)
Du Vin, du Vin, qu'à sa santé
Il soit vidé mainte Bouteille.
Lors le Verre à la main, votre los[2] fut chanté ;
Un Blondin[3], deux Abbés, et plus d'une Beauté,
S'en acquittèrent avec zèle.
Foi d'Épagneul, j'en fais un rapport très fidèle,
J'étais présent à tout, et voyais sans douleur
Toute l'estime et tout l'honneur
Dont votre Chasse était suivie ;
Auprès d'Amarillis[4], content de mon bonheur,
Rien ne pouvant me faire envie.
Je me déterminai dans cet heureux moment
À vous dire sans compliment
Que vous avez bien fait de quitter la Cuisine
Où vous étiez souvent battu.
J'estime infiniment ceux qui par leur vertu
Démentent leur basse origine ;
Jamais l'honneur d'autrui ne m'a rendu jaloux ;
Et malgré tant de différence

Que le Ciel a mis entre nous,
Je veux bien faire connaissance,
Et lier commerce avec vous.
Devenons bons amis, abandonnez la Broche,
Allez comme Épagneul, Chien courant, ou Limier,
Par tout Pays prendre gibier ;
Ne craignez là-dessus ni plainte, ni reproche,
Personne ne fait son Métier[5].

XXXVIII
APOTHÉOSE
DE GAS MON CHIEN,
À IRIS[1]

Plus d'un bel esprit murmure
Contre mon illustre chien,
Iris ne savez-vous rien
De son heureuse aventure ?
Lorsque sur le double mont[2]
Je cherchais des fleurs nouvelles
Pour en couronner le front
D'un Roi[3] cent fois plus grand que le vainqueur d'Arbelles,
Mon téméraire chien marchait dessus mes pas.
Il trouve en me suivant la source d'Hippocrène,
Il faisait chaud, il était las,
Tout languissant de soif il boit dans la fontaine.
Aussitôt les Auteurs dont les bords sont remplis
Firent retentir de leurs cris
La montagne à double croupe.
Par l'un d'eux mon chien est pris,

On détache un de la troupe
Pour avertir du fait le Dieu des beaux esprits[4].
À peine eut-on conté cette bizarre histoire
Qu'Apollon s'écria (de son honneur jaloux)
Un chien a l'audace de boire
En même fontaine que nous !
Alors prenant son arc d'ivoire
Il allait, pour venger sa gloire,
Percer mon chien de mille coups,
Si, d'un air agréable et doux,
La badine Érato[5] n'eût pris soin du coupable.
Puissant Dieu, lui dit-elle, hélas !
Pour ce pauvre toutou devenez plus traitable,
Il vaut bien qu'on en fasse cas,
C'est l'illustre chien d'Amarille[6]
Dont j'ai tant chanté les appas.
Ni le chien qui jappe là-bas,
Ni le chien dont l'Olympe brille[7],
En bon sens ne l'égalent pas,
Il démêle un sot de cent pas,
Le poursuit, l'aboie, et le pille[8].
Ah ! pour le repos de nos jours
Que n'avons-nous un tel secours,
Contre un tas de grimauds[9] dont Parnasse fourmille ?
À ces mots d'Apollon le courroux s'apaisa ;
Il demande mon chien, commande qu'il s'avance,
Le trouva beau, le caressa,
Et malgré l'humble remontrance
De Messieurs les Auteurs, il l'immortalisa.
Je t'affranchis des lois de la sourde Déesse
Dit-il, à ce chien précieux[10],
Demeure en ces aimables lieux

Dans une éternelle jeunesse.
Connaissant ta capacité,
Je commets à tes soins notre tranquillité,
Au pied du mont sacré je t'assigne une place,
Par le mérite faux garde d'être surpris,
Et quelque terrible menace,
Quelque prière qu'on te fasse,
Ne permets d'y monter qu'à mes seuls favoris.
Déchire à belles dents ceux dont la folle audace
De mes doctes chansons croit emporter le prix,
Et pour ces demi-beaux esprits
Sois le Cerbère du Parnasse.
Ce discours prononcé les neuf savantes sœurs
De mon heureux chien s'approchèrent,
Et pour lui décerner les suprêmes honneurs
Jusques aux bords du Styx[11] dans leurs bras le portèrent,
Trois fois en marmottant dans ces eaux le plongèrent.
Tout ce qu'il y avait de mortel
Demeura dans l'onde fatale,
Et l'on vit d'une ardeur égale
À ce chien nouveau Dieu dresser plus d'un autel,
Qu'encense vainement l'audace et la cabale.
Fidèle aux ordres d'Apollon
Nuit et jour du sacré vallon
Il interdit l'entrée aux faiseurs d'acrostiches,
D'équivoques, de vers obscurs,
De vers rampants, et de vers durs[12].
À ceux dont tous les Hémistiches
Sont pleins de médisance, ou pleins de mots impurs.
Par ses soins on jouit du repos et de l'ombre,
Nécessaire pour bien penser,
Les bons auteurs sont en si petit nombre

Qu'ils ne peuvent embarrasser.
En vain le vieux Lisis lui dit d'un ton superbe
Je suis des amis. . . . .[13]
Vous devez me laisser passer :
En vain dans l'ardeur qui l'emporte,
Le pétulant Albin d'une voix vive et forte
Allègue de vieux droits par le bon sens détruits.
Ô ! siècle ingrat, dit-il, tant d'ouvrages conduits
Comme l'eût pu faire Aristote
Ne me donnent que des douleurs !
Quelle étoile funeste à mon destin préside ?
Mais dois-je m'étonner de mes divers malheurs,
C'est une bête qui décide
Des bons et des mauvais auteurs[14].
Après lui l'ignorant Timandre,
Vient tenter l'aventure aidé du Dieu Bacchus
Et veut contre mon chien gagner deux mille écus
Qu'il arrivera quelque esclandre.
. . . .[15]

XXXIX
ÉPÎTRE
DE TATA,
Chat de Madame la Marquise de Montglas,
À GRISETTE
Chatte de Madame Deshoulières[1]

1 J'ai reçu votre Compliment[2].
Vous vous exprimez noblement,
Et je vois bien dans vos manières,

Que vous méprisez les Gouttières[3].
Que je vous trouve d'agrément !
Jamais Chatte ne fut si belle,
Jamais Chatte ne me plut tant,
Pas même la Chatte fidèle
Dont j'étais autrefois l'Amant,
Et que j'aimais uniquement.
Quand vous m'offrez votre tendresse,
Me parlez-vous de bonne foi ?
Se peut-il que l'on s'intéresse
Pour un Malheureux comme moi ?
Hélas que n'êtes-vous sincère !
Que vous me verriez amoureux !
Mais je me forme une chimère,
Puis-je être aimé ? puis-je être heureux ?
Vous dirai-je ma peine extrême ?
Je suis réduit à l'amitié,
Depuis qu'un Jaloux sans pitié
M'a surpris aimant ce qu'il aime.
Épargnez-moi le récit douloureux
De ma honte et de sa vengeance[4] ;
Plaignez mon destin rigoureux ;
Plaindre les maux d'un Malheureux,
Les soulage plus qu'on ne pense.
Hélas je n'ai plus de plaisirs ;
Indigne d'être à vous, belle et tendre Grisette,
Je sens plus que jamais la perte que j'ai faite,
En perdant mes désirs ;
Perte d'autant plus déplorable,
Qu'elle est irréparable.

XL
RÉPONSE
DE GRISETTE À TATA[1]

Comment osez-vous me conter
Les pertes[2] que vous avez faites ?
En amour c'est mal débuter,
Et je ne sais que moi qui voulus écouter
Un pareil Conteur de fleurettes.
Ha ! fi (diraient nonchalamment
Un tas de Chattes précieuses)
Fi, mes Chères, d'un tel Amant ;
Car si j'ose, Tata, vous parler librement,
Chattes aux airs penchés sont les plus amoureuses[3].
Malheur chez elles aux Matous
Aussi disgraciés que vous.
Pour moi qu'un heureux sort fit naître tendre et sage[4],
Je vous quitte aisément des solides plaisirs.
Faisons de notre amour un plus galant usage,
Il est un charmant badinage
Qui ne tarit jamais la source des désirs.
Je renonce pour vous à toutes les Gouttières,
Où (soit dit en passant) je n'ai jamais été.
Je suis de ces Minettes fières
Qui donnent aux grands airs, aux galantes manières.
Hélas ! ce fut par là que mon cœur fut tenté.
Quand j'appris ce qu'avait conté
De vos appâts, de votre adresse,
Votre incomparable Maîtresse,
Depuis ce dangereux moment,

Pleine de vous autant qu'on le peut être,
Je fis dessein de vous faire connaître
Par un doucereux compliment,
L'amour que dans mon cœur ce récit[5] a fait naître.
Vous m'avez confirmé par d'agréables Vers
Tout ce qu'on m'avait dit de vos talents divers.
Malgré votre juste tristesse,
On y voit, cher Tata, briller un air galant.
Les miens répondront mal à leur délicatesse,
Écrire bien n'est pas notre talent.
Il est rare, dit-on, parmi les Hommes même.
Mais de quoi vais-je m'alarmer ?
Vous y verrez que je vous aime,
C'est assez pour qui sait aimer.

La réputation de Grisette faisant bruit partout, les Chats du plus grand mérite lui en voulurent conter. Voici les billets de quelques-uns[6].

XLI
BLONDIN, À SA VOISINE GRISETTE
Blondin, chat des J… à sa Voisine
Sur les Rimes de la Pièce précédente[1]

Je ne veux point vous en conter ;
Dans le grand fracas[2] que vous faites,
Je n'ai pas de quoi débuter
Assez bien pour vous plaire, et me faire écouter
Des Chattes comme vous friandes de fleurettes.
Vous jouez avec moi, mais c'est nonchalamment,

Vos heures vous sont précieuses,
Il vous faut bien un autre Amant ;
Vous miaulez, dit-on, trop librement
Après les faveurs amoureuses.
Enfin vos voisins les Matous
Sont un peu trop sobres pour vous.
Enfin vous affectez dans vos Vers un air sage,
Ce n'est pas en rimant qu'on renonce aux plaisirs,
C'est en ne mettant plus les plaisirs en usage,
C'est en quittant le badinage
Sans en conserver les désirs.
On se perd bien souvent sans courir les Gouttières ;
Oui, dans ces lieux d'honneur vous n'avez point été,
Vous suivez en ce point les prudes et les fières ;
Mais de tant de Matous de toutes les manières,
Qu'on vous cherche avec soin, votre cœur est tenté.
C'est là ce qui vous gâte, à ce qu'on m'a conté,
Et que vous déguisez avec assez d'adresse.
Imitez, imitez votre illustre Maîtresse,
Qui n'aima jamais un moment[3].
À son cœur noble et grand, autant qu'un cœur peut l'être,
L'Amour n'ose espérer de se faire connaître,
Vous lui ferez pour moi ce compliment.
Pour captiver les cœurs, le Ciel qui la fit naître,
Lui donna le talent de la Prose et des Vers.
Elle a mille charmes divers ;
Une tendre langueur, une aimable tristesse,
N'ôte rien dans ses yeux d'un air fin et galant ;
Rien ne peut échapper à sa délicatesse.
Le bel Esprit n'est pas son seul talent :
Elle est la complaisance, elle est la bonté même ;

Mais il ne faut pas l'alarmer,
La louange et l'éclat ne sont pas ce qu'elle aime.
Bien heureux le Matou qu'elle voudrait aimer !

XLII
DOM GRIS, *chat de Mme la Duchesse de Béthune*[1], À GRISETTE

Grisette, savez-vous qui vous parle d'amour ?
Qui vous cherche depuis un jour ?
C'est un Chat accompli, plus beau qu'un Chat d'Espagne,
Un Chat qu'incessamment la Fortune accompagne,
Qui se fait admirer des Chattes de la Cour.
Voilà ce qu'il vous faut, non pas ce Chat sauvage,
Ce Tata, qui languit au milieu des plaisirs,
Qui ne saurait au plus aller au badinage,
Qui ne saurait jamais contenter vos désirs,
Et qui mourrait de faim sur un tas de fromage.
Ce n'est pas, après tout, qu'il ne puisse amuser,
Qu'il ne soit propre à quelque chose,
Comme de feu Bertaut[2] on pourrait en user ;
Mais qu'en si beau chemin votre amour se repose,
Quoi que vous en disiez, on ne vous croira pas.
Pour vous faire croire une Chatte à si maigres ébats,
Sur quoi voulez-vous qu'on se fonde ?
Sur vos peu de besoins ? Vous vous moquez du monde.
À d'autres ; c'est trop loin pousser le précieux[3].
Ce n'est pas avec moi qu'il faut qu'on dissimule,
Aussi bien avez-vous des yeux
À détromper le plus crédule.

Gardez pour ces jeunes Chatons
Qui ne voient encore qu'à tâtons,
D'une fausse vertu le rusé préambule ;
Ne tournez point en ridicule
Ces fi, ces airs nonchalants,
Qui cachent quelquefois des désirs violents.
Loin de les condamner, je blâme les manières
Des Chattes qui d'abord nous disent miaou.
Depuis que pour la Cour j'ai quitté les Gouttières,
Je méprise beaucoup un procédé si fou.
Tout Matou que je suis, j'ai l'âme délicate,
Je veux qu'en certain temps on donne de la patte,
Et je n'aimerais pas qu'on me sautât au cou ;
Mais de faire la Chattemite[4],
D'affecter comme vous un minois sérieux,
Tandis que nous savons qu'Amour vous sollicite,
Et qu'à de certains Chats vous faites les doux yeux,
Je vous le dis tout net, Grisette, j'aime mieux
Une folle qu'une hypocrite.
Mettez-vous avec moi dessus un autre pied[5],
Si vous voulez longtemps garder votre conquête,
Je suis un Coureur de Clapier ;
Chat qui prend les Lapins, ne passe pas pour bête.
Adieu jusqu'au premier Sabbat[6],
C'est là que j'attendrai réponse à cette Lettre,
Et que vous connaîtrez, si je livre combat,
Que je sais plus tenir que je ne sais promettre.

XLIII
MITTIN
Chat de Mlle Bocquet[1], à GRISETTE

Grisette, vous faites du bruit,
Non de ce bruit[2] que font durant la nuit
Les Minettes trop amoureuses ;
C'est un bruit que la gloire suit,
Et que font en tout temps les Chattes précieuses.
Ce bruit est venu jusqu'à moi,
Il a troublé ma solitude ;
Je vivais libre, exempt de l'amoureuse Loi,
Et je sens de l'inquiétude.
Il me revient de tous côtés
Que vous avez cent rares qualités.
On dit que vous avez le regard doux et tendre,
Et que, pour en faire comprendre
La charmante douceur, et le brillant éclat,
Vous n'avez pas des yeux de Chat.
On dit que la nature adroite et bienfaisante,
Vous a fait de sa main une Robe luisante
D'un petit-gris[3] beaucoup plus fin
Que le petit-gris de lapin ;
Que vous savez avec cent tours d'adresse
Chasser les plus fâcheux ennuis ;
Faire des jours heureux, et d'agréables nuits
À votre savante Maîtresse.
On vous voit quelquefois d'un manège léger
Sauter, bondir, et voltiger,
Et quelquefois en galante Minette

Vous dresser sur vos pieds pour atteindre au Miroir,
Prendre plaisir à vous y voir,
Y consulter vos traits en illustre Coquette,
En Chatte d'importance, et non pas en Grisette.
Vous n'avez rien de brutal et de bas.
On ne vous vit jamais souiller vos pattes
Innocentes et délicates,
Du sang des Souris et des Rats.
En amour vous avez les plus belles manières ;
Vous n'allez point par des cris scandaleux,
Promener sur les toits la honte de vos feux,
Ni vous livrer aux Matous des Gouttières.
Par un tendre miaulement
Vous expliquez votre tourment ;
Et vous savez si bien, dans l'ardeur qui vous presse,
Toucher votre illustre Maîtresse,
Qu'elle prend soin de vos plaisirs,
Et d'un digne Galant régale vos désirs.
J'en pourrais dire davantage
Sur le bruit qu'on fait tous les jours,
De vos charmants appâts, de vos tendres amours ;
On n'en dit que trop, dont j'enrage.
J'enrage de si bon cœur, Grisette, quand je vois
Tant d'appâts, tant d'amour, qui ne sont pas pour moi.
Je sens que le bruit que vous faites
Allume dans mon cœur des passions secrètes,
Que dans tout le Pays des plus tendres Matous,
Nul autre n'allume que vous.
Mais il est temps enfin de mettre en évidence
Et mes talents et mes exploits.
Ma solitude et mon silence
M'ont ôté jusqu'ici l'honneur de votre choix.

Il faut vous faire ma peinture
Vous dire que je suis un Chat des mieux appris[4] ;
C'est trop languir dans une vie obscure ;
Et comme enfin la nuit tous Chats sont gris,
Il faut mettre au jour ma figure.
J'ai la mine assez haute, et l'air fort glorieux ;
Tant d'éclat brille dans mes yeux,
Qu'on prend mes ardentes prunelles
Pour des Astres ou des Chandelles.
Je ne suis point sujet aux fâcheux accidents
Où tombent les Chats imprudents,
Ma conduite n'a rien de brutal, de sauvage,
Et je ne fis jamais aucun mauvais usage
De mes griffes[5], ni de mes dents.
Quoique mon sérieux marque trop de sagesse,
Et me donne tout l'air d'un sévère Docteur,
Quand il faut plaire à ma Maîtresse,
Je suis badin, je suis flatteur ;
Je la baise, je la caresse,
Et la plus enjouée et brillante jeunesse
L'est bien moins que ma belle humeur.
Savez-vous de quel air discret et raisonnable
J'ai ma part dans un bon Repas ?
J'appuie adroitement ma patte sur les bras
De ceux qui sont assis à table.
Si leur faim est inexorable,
Ma faim ne se rebute pas,
Et d'un air toujours agréable
Je tire du moins charitable
Les morceaux les plus délicats.
Quoique je sois servi d'une main libérale,
Et que je sois un Chat des mieux nourris,

Je chasse d'une ardeur qui n'eut jamais d'égale ;
Nul Matou mieux que moi ne chasse dans Paris ;
Et je prétends qu'un jour mon amour vous régale
D'une hécatombe de Souris[6].

XLIV
RÉGNAULT
*chat des A*****
À GRISETTE

Je ne tournerai point ma cervelle à l'envers
Pour vous dépeindre ici ma figure parfaite ;
Mais c'est pour vous parler de mes exploits divers
Qu'avec tant de Matous je m'érige en poète.
Un autre en doux jargon vanterait sa défaite ;
Mais moi qui jour et nuit mets des Chattes au fer,
N'en déplaise aux Matous, je vous apprends, Grisette,
Que je fais des chatons mieux qu'ils ne font des Vers[1].

XLV
SECONDE LETTRE
DE TATA À GRISETTE

Grisette, avec raison je suis charmé de vous,
Vous avez de l'esprit plus que tous les Matous ;
Jamais, à ce qu'on dit, Chatte ne fut mieux faite :
Mais, ceci soit dit entre nous,
N'êtes-vous point un peu coquette[1] ?

Vous pouvez l'avouer sans paraître indiscrète,
Le mal n'est pas grand en effet,
Et s'il faut tout dire, Grisette,
Moi-même, franchement, je suis un peu coquet,
Malgré la perte que j'ai faite.
On peut bien sans amour écrire galamment,
Quand on a comme vous tant de belles lumières :
Mais croyez-moi, pour parler savamment,
Surtout en certaine matière,
Il faut avoir fréquenté les Gouttières :
On ne devient pas habile autrement.

Après tout c'est une faiblesse
À nous de n'oser coqueter[2] :
Sur ce point pourquoi nous flatter ?
Les Matous coquettent sans cesse,
C'est là leur vrai talent, à quoi bon le cacher ?
Il n'est point de Chatte Lucrèce[3]
Et l'on ne vit jamais de prude en notre espèce ;
Cela soit dit sans vous fâcher.

Coquetons, cherchons à nous plaire,
Puisque le sort le veut ainsi ;
En un mot, aimons-nous, nous ne saurions mieux faire,
Vous avez de l'esprit, j'en ai sans doute aussi,
Je crois que je suis votre affaire.

Avec moi votre honneur ne court aucun danger,
C'est un malheur dont quelquefois j'enrage,
Et c'est pour vous, Grisette, un petit avantage ;
Car s'il est vrai que vous soyez si sage
Je n'aurais pu vous engager

À… Vous m'entendez bien : mais changeons de langage,
Je pourrais vous désobliger.

Eh bien donc, ma chère Grisette,
Établissons un commerce entre nous ;
Foi de Matou, vous serez satisfaite
Des respects que j'aurai pour vous.

XLVI
RÉPONSE DE GRISETTE À TATA
Sur les mêmes Rimes

Lorsque j'abandonne pour vous
De charmants, de tendres Matous,
Quand je pense établir une amitié parfaite[1]
(Car c'est tout ce qu'on peut établir entre nous)
Pourquoi m'appelez-vous Coquette ?
La réprimande est indiscrète,
D'une bizare humeur elle paraît l'effet.
Est-ce sur le nom de Grisette
Que vous me soupçonnez d'avoir le cœur coquet ?
Mon nom ne convient pas à l'air dont je suis faite.

Quoi, pour écrire galamment,
Pour avoir dans l'esprit quelques vives lumières,
Fallait-il assurer qu'on ne peut savamment
Parler sur certaines matières[2],
Sans avoir couru les Gouttières ?
Chats connaisseurs en jugent autrement.

Mais quand même on aurait quelque douce faiblesse,
Est-ce avec vous hélas ! qu'on voudrait coqueter ?
Vous aimez trop à vous flatter,
Il est temps que votre erreur cesse ;
Elle m'outrage enfin, pourquoi vous le cacher ?
S'il n'est point de Chatte Lucrèce,
Il n'est point de Tarquins, Tata, de votre espèce ;
Cela soit dit sans vous fâcher.

Quand un Chat comme vous se propose de plaire,
Il devrait en user ainsi,
Des jaloux soupçons se défaire,
Et de ses airs grondeurs aussi ;
Sans cela, Tata, point d'affaire.

Je ne veux point du tout m'aller mettre en danger
D'entendre tous les jours dire, morbleu j'enrage,
Il n'en faudrait pas davantage
Pour me rebuter d'être sage,
Et souvent par dépit on se peut engager
À quelque bagatelle au-delà du langage ;
Ceci soit dit encor sans vous désobliger.

Adieu, Tata, foi de Grisette,
Mais de Grisette comme nous ;
Je ne suis pas plus satisfaite
De votre Lettre que de vous.

XLVII
BRUNAUT, *Matou banal des environs d'Argentan*, À L'AIMABLE GRISETTE, *chatte de Madame Deshoulières*[1]

Attendant l'autre jour une tendre aventure,
Assis auprès d'une Masure,
Où je traitais d'heures tous les moments
Qui retardaient la fin de mes tourments,
Grisette, j'appris du Mercure[2]
Vos aimables miaulements.

Ils me firent bientôt abandonner la place,
Et malgré la neige et la glace,
Concevoir le dessein de me rendre à Paris.
Un Chat qui pour vous voir veut quitter son Pays,
Par la saison qu'il fait, mérite quelque grâce,
Voudriez-vous lui marquer du mépris ?

Je suis de qualité ; je ne sens point le Drille[3],
On peut sans vanité compter dans ma Famille
Des Chats Héros de Père en Fils.
Les Rodilards, les Raminagrobis[4],
De tout temps ont passé pour être fort habiles
À faire la guerre aux Souris.

Nulle chatte en ces lieux ne m'a paru Tigresse ;
Si la beauté, si la tendresse,
Pouvaient me contenter, mon sort serait bien doux ;
Mais des Chats bâtis comme nous,

Demandent de l'esprit, de la délicatesse,
Et tout cela n'est que chez vous.

Tata m'alarme peu ; quoi qu'il sache bien dire,
Bien raisonner, bien rimer, bien écrire,
Il n'est, en gros comme en détail,
Bon qu'à faire un Chat de Sérail,
Son conseil[5] vaut beaucoup, mais c'est lorsqu'on veut rire,
Peu de chose que son travail.

Tous les autres Matous de votre voisinage
À mon abord changeront de langage,
Entr'autres Dom Gris et Mitin ;
Certain Régnault, certain Blondin,
Renonceront pour jamais au fromage,
Quand je voudrai prendre mon air mutin.

Ceci n'est point par Gasconnade ;
S'ils veulent venir avec moi à la gourmade[6],
Ils verront comme un Chat Normand,
Qui s'est déclaré votre Amant,
Sait mettre en jeu l'estafilade,
Pour posséder un Objet si charmant.

XLVIII
GRISETTE

À Monsieur le Maréchal duc de Vivonne[1], *qui Faisait semblant de croire que Madame Deshoulières avait fait un mauvais Rondeau qui courait le monde*
Épître

De ma Maîtresse aujourd'hui
J'ai reçu mille rudesses
Elle de qui mes caresses
Soulageaient toujours l'ennui,
Triste de ma destinée,
Seule en un coin j'ai rêvé
Toute cette après-dînée
À ce qui l'a chagrinée,
Et ce soir je l'ai trouvée,
Sans qu'elle m'ait aperçue
J'ai sauté dessus son lit.
Écoutez bien le récit
De l'état où je l'ai vue,
Tantôt elle pâlissait !
Tantôt elle rougissait,
Parlait sans être entendue
Comme une femme éperdue,
Et souvent vous maudissait.
Ah ! disait-elle en colère,
Quel sort au mien est égal ?
Et quoi donc ce Maréchal
Dont l'estime m'est si chère

Peut penser que j'écris mal[2] !
Mes vers ne lui plaisent guère.
On doit se tenir pour dit,
Que les Vers font sur l'esprit
Une impression légère,
Quand des Ouvrages qu'on lit
On s'abuse au caractère[3].
Si je tenais l'animal,
Auteur du Rondeau fatal
Dont le Maréchal m'accuse,
Je lui ferais foi de Muse…
Dans ce bel endroit les pleurs
Que de si justes douleurs
À grands flots lui font répandre,
Interrompirent le cours
De ce terrible discours,
Et moi vite de descendre
À dessein de m'en aller
En Chatte fidèle et tendre,
Brusquement vous quereller.
Ah : que ne puis-je vous dire
Tout ce que la rage inspire
Contre de tels attentats,
Mais par malheur bien écrire
N'est pas le talent des chats.
Finissons donc cette Lettre,
Tâchons seulement d'y mettre
Que le zèle ardent et prompt,
Que je sens pour ma Maîtresse
À son chagrin m'intéresse.
Jusqu'à venger son affront,
Soit, Seigneur, que de ma patte[4]

Je me serve comme Chatte
Ou comme les hommes font.

N'allez pas d'un air de mépris
Négliger de répondre à ma mauvaise Lettre,
Vous n'êtes pas, Seigneur, le seul à qui j'écris,
Et qui daigne avec moi quelquefois se commettre,
Les bêtes comme moi valent les beaux esprits,
D'elles on peut tout se promettre.
Vous le verrez, Seigneur, si jamais vous allez
Triompher sur les flots salés.
Alors bien loin d'être contente,
De répandre en tous lieux votre gloire présente,
Je saurai rappeler les périlleux endroits,
Où cent lauriers cueillis parèrent votre tête,
Et je vous forcerai d'avouer qu'une bête,
Qui d'Amarille[5] est le faible, et le choix,
Pour célébrer une conquête,
Entre nous, vaut bien quelquefois
Certains Messieurs, dont par prudence
Je ne dis pas ce que je pense.

XLIX
ÉPÎTRE
DE COCHON,
Chien de Monsieur le Maréchal de Vivonne
À GRISETTE

Hé quoi, Grisette, a-t-on pu croire,
Notre esprit assez de travers,
Pour penser que de méchants Vers
Soient sortis de votre Écritoire ;
Vous connaissez ma foi bien mal,
Mon gros crevé[1] de Maréchal,
Votre injuste soupçon avec raison nous pique,
De votre Amarillis nous savons les Talents,
Et que la plus mordante[2] et sévère Critique,
Ne lui pourra jamais faire sentir ses dents.
Votre injuste soupçon nous tue,
Mon Maître en était offensé,
Et son âme jamais n'en serait revenue,
Si votre patte n'eût tracé
L'Épître qu'il a reçue.
Vos Vers dissipent ses ennuis,
Depuis qu'il les a lus, il rit, il cause, il chante,
Pour me les réciter il me cherche où je suis,
Il passe sur mon dos une main caressante,
Il m'a paru toujours depuis,
L'esprit libre, et l'âme contente.
Je n'en suis point surpris, et je suis enchanté,
D'avoir entendu les merveilles,
Que de Grisette il m'a conté.

Il fit, jadis, sa Cour à vos pareilles
Avec assiduité
Et laissant là Cloris, Amarante et Silvie,
De Grisette en Grisette[3] il a passé sa vie,
Même aux dépens de sa santé.
Ah ! qu'il me serait doux
Ma chère Grisette ma mie,
D'établir promptement un commerce avec vous,
Pour voir bientôt entre nous
Notre vieille haine amortie ;
Que de Matous
Seront jaloux,
Si nous forçons les lois de notre antipathie[4].
Vivons heureux aimons-nous,
GRISETTE
Vivons heureux, aimons-nous,
Dans quelques gouttières secrètes
J'irai miauler avec vous,
Vivons heureux, aimons-nous
GRISETTE
Vivons heureux, aimons-nous[5].

L
RÉPONSE DE GRISETTE À COCHON

C'est prendre assez bien ses mesures,
De venir conter ses raisons
Après avoir fait des injures.

S'il était pour les Chiens des Petites Maisons[1],
Vous mériteriez bien d'en essuyer la honte,
Avec vos propos obligeants.
Ce n'est donc rien à votre compte,
Que de fâcher Bêtes et Gens ?
Mais peut-être un espoir vous flatte,
Fondé sur le dérèglement
Qui dans les mœurs du siècle éclate.
Vous pensez par un compliment
Pouvoir devenir mon Amant,
Quoique vous soyez Chien, et quoique je sois Chatte,
Vous vous abusez lourdement.
Quand du Chien dont l'Olympe brille ;
Quand du Chien qui jappe là-bas[2],
Vous auriez en vous seul rassemblé les appas
À la moindre peccadille
Vous ne m'engageriez pas.
Contre ce que je dois rien ne me persuade.
Je sacrifie et votre Lettre et vous
Au plus amoureux des Matous,
Que me vient d'envoyer le galant Benserade[3].
Quittez donc le dessein que vous avez conçu
De troubler le repos des miaulantes familles ;
Ne vous y trompez pas, vous y seriez reçu
Comme un chien dans un jeu de quilles[4].
Que votre illustre Maréchal
Est étonné de voir une Grisette
Si peu sensible à la fleurette !
Qu'il ne m'en veuille point de mal.
S'il les avait trouvées toutes aussi sévères,
Si comme vous on l'avait rebuté,
Il n'aurait jamais connu de l'Amour irrité

Les plus redoutables mystères.
Mais je m'émancipe un peu trop,
Pour une Chatte et précieuse et prude.
Voilà ce que fait l'habitude
D'écrire toujours au galop[5].
Chez Messieurs les humains cette excuse est d'usage.
Le bienheureux nom d'impromptu
Parmi les sots, a la vertu
De mettre à couvert de l'orage
Toutes les fautes d'un ouvrage.
Bonjour, le plus gras des Toutous.
Si par hasard mon amitié vous tente
Je vous l'offre tendre et constante.
C'est tout ce que je puis pour vous.
Sinon, je suis votre servante.

LI
RÉPONSE
DE COCHON À GRISETTE

Est-ce donc là l'impression
Que sur ton cœur fait ma flamme naissante ?
Vraiment je te trouve plaisante,
De rebuter[1] ma passion ;
Maltraite-t-on ainsi petite suffisante
Un Chien de ma condition ;
Grisette, tu n'en es pas digne,
Cherche à ton gré des favoris ;
Je fus bien enragé[2] quand à toi je m'offris,
Moi qui suis beau, blanc, comme un cygne[3],

Et qui descends de père en fils,
De la race Cynique[4] en droite ligne ;
Et qui me puis aussi, dire sans vanité
Le symbole vivant de la fidélité.
Mais j'aurais beau dire, et beau faire,
C'est inutilement,
Qu'un Amant,
Se veut faire valoir, s'il n'a pas l'art de plaire
Je me le tiens pour dit, à quoi bon s'obstiner
Contre une amour infortunée,
Il vaut bien mieux t'abandonner
À ta maudite destinée.
Je ne troublerai point tes fertiles chaleurs,
Va sur les toits après tes miauleurs,
Faire un sabbat de tous les diables ;
Qu'on entende partout les hurlantes clameurs,
De tes noces épouvantables,
Que tes désirs soient satisfaits,
Vis heureuse et contente,
Et laisse en paix,
Désormais,
Libre dans ses ressorts, la machine aboyante[5] ;
Écris-moi seulement quelque lettre galante,
Car tes vers à mon gré brillent de si beaux traits,
Que tous mes esprits ils enlèvent.
Il paraît bien, quand Phébus les a faits,
Que les trois grâces les achèvent.
Voilà te louer assez bien,
Et ce ne sont pas là des louanges de Chien.
Mon brillant Maréchal dans une paix profonde,
Éloigné de tout embarras,
Mène nonchalamment une vie assez ronde[6],

Lui, dont l'héroïque bras
En tant de furieux combats,
S'est signalé sur la terre, et sur l'onde.
Et ce Héros qui suit Neptune pas à pas
En qui tant d'embonpoint et tant d'esprit abonde,
À qui tu reproches tout bas
D'une pudeur qui n'a point de seconde,
Le cuisant souvenir de ses tendres ébats,
Est maintenant l'homme du monde,
Le moins surpris qu'on n'aime pas.

LII
RÉPONSE
DE GRISETTE À COCHON

On aurait bien connu sans que vous l'eussiez dit,
Que vous êtes sorti de la Race Cynique,
L'air dont vous répondez à ce qu'on vous écrit
En est une preuve authentique.
Vous ne mordez pas mal. Pour vous rien n'est sacré.
Devant vous rien ne trouve grâce.
Vous déchirez tout, et malgré
De vingt siècles le long espace
Du beau talent de votre race
Vous n'avez point dégénéré.
Mais qu'il soit véritable, ou qu'il soit apocryphe,
Que vous soyez des descendants
De ces Philosophes mordants,
Si vous avez de bonnes dents
Nous n'avons pas mauvaise griffe.

Cependant, comme j'aime à n'en jamais user
Si vous vouliez bien vous défaire
De certaine hauteur qui ne me convient guère
Je pourrais avec vous quelquefois m'amuser.
Vous me croyez peut-être une Chatte vulgaire,
Je m'en vais vous désabuser.
Si pour Aïeux vous comptez Diogène,
Cratès[1] et tous les autres chiens,
Moi, que vous méprisez, je compte pour les miens
Tous les Dieux dont la fable est pleine.
Quand les Titans audacieux
Risquèrent follement d'escalader les Cieux[2]
Le Dieu qui lance le tonnerre
Incertain du succès d'une insolente guerre,
Voulut que Déesses et Dieux
Quittassent le Ciel pour la Terre :
Dont, soit dit en passant, ils furent tous joyeux.
Entre tous les pays l'Égypte fut choisie.
Là, sous de différentes peaux,
Sous de jolis, de laids museaux,
Se cachèrent un temps les buveurs d'Ambroisie[3].
L'un était Bœuf, l'autre était Ours,
L'autre d'un beau plumage emprunta la parure,
Une Chatte fut la figure
Que prit la Reine des Amours,
Et comme elle est bonne Princesse,
Pour éviter oisiveté
Elle contenta la tendresse
D'un jeune Chat épris de sa beauté,
Tant qu'enfin la belle Déesse
Fit des Chatons en quantité.
C'est de cette source divine

Que je tire mon origine.
Qui de nous deux Cochon, dites la vérité,
Doit se piquer de qualité ?
Ce discours vous déplaît peut-être.
Parlons de votre esprit, vous en faites paraître
Dans tout ce que vous écrivez.
Mais est-il à vous seul cet esprit qui sait plaire ?
Et ne devez-vous point à votre Secrétaire
Tant de brillants endroits si finement trouvés ?
Entre nous Cochon je soupçonne
Qu'un tel Secrétaire vous donne
Plus d'esprit que vous n'en avez.
Je connais son tour, ses manières
Vives, charmantes, singulières,
Apollon ne fait pas des Vers plus élevés[4].
Pour moi je n'ai que mes seules lumières,
Je vous l'apprends, si vous ne le savez.
Et que je ne cours point les Toits, ni les Gouttières[5].
Jamais cris aigus, scandaleux,
Ne sont sortis de ma modeste gueule[6]
Lorsque l'Amour me fait sentir ses feux,
Ce n'est qu'à ma Maîtresse seule
Que j'ose confier mes secrets amoureux.
Alors sensible aux tourments que j'étale,
D'un Chat digne de moi sa bonté me régale,
Cela s'appelle-t-il un destin malheureux ?
Si ce Maréchal qui vous aime
Voulait pour vous faire de même,
Si ce véritable Héros
Qui seul a plus d'esprit et de valeur que trente,
Lorsque l'Amour trouble votre repos,
Offrait à vos désirs une chienne charmante,

On ne vous verrait point réduit
À la nécessité d'idolâtrer sans fruit
Une Maîtresse égratignante.

LIII
RÉPONSE
DE COCHON À GRISETTE

Grisette enfin je vois qu'en t'écrivant
Il faut pour assembler des choses recherchées
Feuilleter de l'esprit le calepin[1] vivant,
Ou comme un Girardeau[2] savant
Avoir l'Art d'animer des peintures léchées.
Mon Maître m'encourage au dessein que j'ai pris,
Il est le Dieu de l'Harmonie.
Je sens déjà que son divin génie
Va de nouvelles fleurs émailler mes écrits.
Secouru du beau feu qui partout l'environne,
De son esprit brillant, de son savoir profond,
Je ne craindrais pas même Apollon en personne
Avec un tel second.
Je laisse loin de moi ces plumes triviales
Sans art et sans vigueur,
Écrivains doucereux des sornettes morales
Qui nous font mal au cœur.
Je ne vois qu'une illustre Chatte,
Qui mérite l'encens des plus fameux esprits,
En qui tant de finesse éclate
Qu'elle sera toujours l'Ornement de Paris.
En un seul point elle se flatte

Quand par des chemins inconnus,
Dont on ne peut trouver ni vestige ni trace
D'un long ordre de Chats descendus de Vénus
Elle nous compose une race,
Et va puiser bizarrement
Sa belle Généalogie,
Dans la basse Mythologie,
Sans savoir par où ni comment.
C'est en vain qu'elle nous étale
Tous ces aïeux vénériens[3],
Et fait sonner si haut sa Déité de Bale[4].
Hé, depuis quand les Chats disputent-ils aux Chiens
Leur noblesse que rien n'égale,
Ne descendons-nous pas du Dieu Cynocéphale[5]
Adoré des Égyptiens ?
Modère ton effort ma petite Déesse.
Ne songe plus aux sylphes[6] fabuleux,
Et sache que souvent un Peau d'âne amoureux
Se rencontre de notre espèce,
Et qu'il est quelquefois, chien et chat comme nous.
Qui ne sait que ces Dieux dont ton orgueil se pique
Se sont changés en corbeaux, en hiboux,
En chats-huants, et loups-garous,
Prenant un surtout fanatique[7]
Que les plus beaux objets en furent abusés,
Car dans le Carnaval de ces Dieux déguisés
Leur mascarade est toujours prolifique.
Mais où prends-tu qu'Ovide[8] ait dit
Dans la gigantesque aventure
Que Vénus d'une chatte emprunta la figure ?
Tu n'inventes pas mal pour te mettre en crédit
Cette ingénieuse imposture.

Pour moi je suis cloué réellement
À l'écharpe du firmament[9],
Placé près des cercles polaires
Et règne souverainement
Dans mes terres caniculaires.
Ministre du grand Bélial
Qui préside aux Royaumes sombres,
Je suis au séjour infernal
Le terrible portier des ombres[10].
Et pour te dire enfin mon nom
D'une façon encore plus claire
On me nomme au ciel Procyon
Et dans les enfers Cerbère.
Tu vois comme sans fiction
Et sans le faux secours de la Métamorphose
Je prouve ma condition
Par une vraie Apothéose.
Jamais sur l'Étoilé lambris,
Du lumineux Olympe
Pour y guetter des célestes souris
Nul chat ne grimpera, n'a grimpé, ni ne grimpe,
Quand il serait descendu de Cypris.
Grisette enfin. Ô Reine des grisettes !
De grâce, laissons là nos ancêtres pourris.
Crois-moi, sans eux, tu vaux ton prix
Et sans t'effaroucher à ce nom d'Amourettes
Souffre qu'un cœur de tes charmes épris,
Te conte quelquefois de jappantes fleurettes.

LIV
RÉPONSE
DE GRISETTE À COCHON[1]

Jamais chien n'eut tant de savoir,
Jamais chien n'eut tant d'éloquence,
Tant d'esprit, tant d'amour que vous en faites voir.
Veuillent les immortels, auteurs de ma naissance
Soutenir contre vous mon chancelant devoir !
Ils exaucent mes vœux, et déjà je commence
À sentir dans mon cœur l'effet de leur secours ;
Je vous vois des défauts qui vont rompre le cours
D'un feu, qui m'aurait pu coûter mon innocence :
Oui, je remarque en vous un défaut furieux.
En est-il un plus grand que l'indigne faiblesse
Qui vous fait renoncer à vos Doctes aïeux[2] ?
Il vous serait plus glorieux
Qu'on crût qu'avec leur sang vous avez leur sagesse,
Que de puiser votre noblesse
Dans la source du sang des Dieux.
Semblable à ces humains dont la vaine folie[3]
Est de traîner d'illustres noms,
Et qu'à prix d'argent on allie
Aux plus éclatantes maisons,
Dont l'antique Histoire est remplie.
Découvrent-ils des noms plus grands
Un fourbe Généalogiste
D'eux, à ces noms trouve une piste ;
Comme ils changent d'habits ils changent de parents.
Chez eux l'orgueil les donne et non pas la nature.

Je connais leurs défauts mieux qu'ils ne font les miens,
Mais je ne savais pas, Cochon, je vous le jure
Qu'il fût des d'Oziers chez les Chiens.
À peu près voilà votre histoire.
Hier Cynique, aujourd'hui Dieu.
Vous êtes dans les cieux. Aux bords de l'onde noire,
Et sur terre en troisième lieu.
Cela n'est pas facile à croire !
Quoi vous seriez tout à la fois
Le grand chien dont l'ardeur nous brûle !
Le laid chien à la triple voix !
Le gros chien dont je fais scrupule
D'écouter les tendres abois[4] !
Vous parais-je assez bête ou bien assez crédule
Pour croire qu'un chien en fait trois ?
Lorsque je vous contai la galante aventure
Qu'eut Vénus sur les bords du Nil,
Je n'eus point comme vous recours à l'imposture
Je ne prouve pas bien, dites-vous, qu'en droit fil,
Je sors de la Mère des grâces[5].
Quelle preuve vous en faut-il ?
Passons-nous des Contrats qui des premières Races
Jusqu'à nous conservent les traces ?
Je ne puis donc avoir pour moi
Que la seule Mythologie.
Quel Livre est plus digne de foi
Qu'un Livre qui contient en soi
La première Théologie ?
Si parmi les célestes feux
Qui règlent le sort de chaque Être,
On voit votre espèce paraître
N'en soyez pas plus orgueilleux.

L'Âne de l'ivrogne Silène,
Le Bouc sale et puant, le Scorpion hideux[6],
Et mille autres monstres affreux
Font comme elle briller la lumineuse plaine.
Mais, Cochon, montrez-moi quelqu'un de parmi vous
Dont on ait cru la cervelle assez saine
Pour lui donner la forme humaine
Comme les Dieux ont fait pour nous.
Jadis un jeune fou possédait une chatte[7]
Pour qui l'histoire dit qu'il prit beaucoup d'Amour,
Il ne se passait pas un jour
Qu'il ne baisât cent fois et sa gueule et sa patte.
De cet étrange Amour c'était là tout le fruit.
Et comme il faut quelque autre chose
Ce pauvre Amant se vit réduit
À demander aux Dieux une Métamorphose.
Il n'épargna ni soins, ni pleurs, ni revenus,
Pour se rendre Vénus propice.
Le célèbre Temple d'Érice
Fuma de plus d'un sacrifice.
Il fit tant enfin que Vénus,
Par excès de pitié pour sa bizarre flamme
De sa chatte fit une femme.
N'allez pas en chien ignorant
Croire encore que j'impose à la belle Déesse.
De l'honneur fait à mon espèce
Je donne Ésope pour garant.
Mais oublions tous deux notre race immortelle.
Finissons, Cochon, j'y consens
Une si fameuse querelle.
Soyez pour moi tendre et fidèle.
Malgré les Dieux je cède au trouble que je sens !

Que les galants propos, que les jeux innocents,
Naissent chez nous d'une tendresse
Que ne soutiendra point le commerce des sens.
Allons ensemble, allons sans cesse,
Cueillir aux rives du Permesse[8]
De ces fleurs qui durent toujours.
Couronnons-en ce Maître incomparable
Dont le divin génie embellit vos discours,
Et laissons dans le Monde un souvenir durable
De nos singulières Amours.

IV. DANS LE MONDE

LV
PRÉFACE[1]

Loin de remplir ici d'ennuyeux compliments
Un inutile et long prélude ;
Sans crainte, sans inquiétude,
Je livre mes amusements[2]
À la critique la plus rude.
Cette espèce de fermeté
Ne vient point de la vanité
Que m'auraient pu donner les plus fameux suffrages :
De plus justes raisons font ma tranquillité.
Du temps qui détruit tout je crains peu les outrages :
Le grand nom de LOUIS mêlé dans mes ouvrages,
Les conduira sans doute à l'immortalité.

LVI
ÉPÎTRE DE MADAME DESHOULIÈRES AU ROI, SUR SON VOYAGE DE FLANDRE
en l'année 1684[1]

Pourquoi chercher une nouvelle gloire ?
Sous vos lauriers goûtez un doux repos ;
Assez d'exploits d'immortelle mémoire
Vous font passer[2] les antiques Héros.
Pour vous, grand Roi, pour le bien de la France,
Que reste-t-il encore à souhaiter ?
Vos soins chez elle ont remis l'abondance :
Votre valeur qui pourrait tout dompter,
La rend terrible aux nations étranges[3] ;
Et quelque loin qu'on porte les louanges,
Il n'en est point qui vous puissent flatter.

À vous chanter nos voix sont toujours prêtes.
Mais quand nos vers à la postérité
Pourraient vous peindre aussi grand que vous êtes ;
Quand de vos lois ils diraient l'équité,
De votre bras les rapides conquêtes,
De votre esprit la noble activité,
De votre abord le charme inévitable :
Quelle en serait pour vous l'utilité ?
Lorsque le vrai paraît peu vraisemblable,
Il n'a sur nous que peu d'autorité.

Ces Conquérants qu'eurent Rome et la Grèce,
Ces demi-dieux sur cent lyres chantés,

Ont eu le sort que trop de gloire laisse,
On les a crus servilement flattés.
Tant de vertus qu'en eux l'Histoire assemble,
Est, disait-on, le prix de leurs bienfaits ;
Et si vous seul sous qui l'Univers tremble,
N'eussiez plus fait qu'ils n'ont tous fait ensemble,
On douterait encor de leurs hauts faits.

De leur valeur la vôtre nous assure ;
Vous la rendez croyable en l'effaçant.
Un tel secours chez la race future
Sera pour vous un secours impuissant.
Quelques efforts que la nature fasse
Pour les héros que sa main formera,
Loin d'en trouver quelqu'un qui vous efface,
Jamais aucun ne vous égalera.

N'allez donc plus exposer une vie
D'où le bonheur de l'univers dépend.
Voyez la paix de tous les biens suivie,
Qui dans les bras des plaisirs vous attend.
Épargnez-nous de mortelles alarmes :
Où courez-vous par la gloire animé ?
Si la victoire a pour vous tant de charmes,
Vous pouvez vaincre ici sans être armé.
N'appelez point une indigne faiblesse,
Quelques moments donnés à la tendresse ;
Les plus grands cœurs[4] n'ont pas le moins aimé.

Mais aux travaux de la fière Bellonne[5],
J'oppose en vain le repos le plus doux.
Les faux plaisirs que l'oisiveté donne,

Ne sont pas faits pour un Roi comme vous,
Instruit de tout, appliqué sans relâche,
Et toujours grand dans les moindres projets ;
Lorsque la paix aux périls vous arrache,
Une autre gloire à son tour vous attache,
Et vous immole au bien de vos sujets.

Ainsi, l'on voit le Maître du tonnerre[6],
Diversement occupé dans les Cieux :
Tantôt vainqueur dans l'insolente Guerre
Qui fit périr les Titans furieux ;
Tantôt veillant au bonheur de la Terre,
Porter partout un regard curieux ;
Y rétablir le calme, l'innocence ;
Être de tous la crainte, l'espérance,
Et le plus grand et le meilleur des Dieux.

Craint, adoré… Mais j'entends la victoire[7]
Qui vous appelle à des exploits nouveaux.
Que de hauts faits vont grossir votre Histoire !
Partez, courez à des destins si beaux.
Je vois l'Espagne aux traités infidèle,
De ses pays payer ses attentats ;
Je vois vos coups détruire les États
Du fier voisin qui soutient sa querelle ;
Et je vous vois vainqueur en cent combats,
Donner la paix, et la rendre éternelle.

LVII
ODE
AU ROI[1]

Le croiras-tu, LOUIS, à ta gloire attentive,
Pour t'immortaliser j'ai voulu mille fois
Te chanter couronné de laurier et d'olive,
Et mille fois ma lyre a langui sous mes doigts.
Un héros au-dessus des héros de la fable
Est un écueil pour moi, terrible, redoutable[2]
Contre qui cent nochers à mes yeux ont brisé.
Oui, depuis que tu cours de victoire en victoire,
Le Dieu qui des grands noms fait durer la mémoire,
Se serait lui-même épuisé.

Rejette donc, grand Roi, sur une juste crainte
Ma lenteur à parler de tes faits inouïs.
Imposons-nous, disais-je, une sage contrainte,
N'immolons point ma gloire à celle de LOUIS.
Que dirais-je en chantant sa valeur triomphante,
Dont aux siècles futurs plus d'une main savante
Avant moi n'ait tracé de fidèles Tableaux ?
Mais à quoi mon esprit se laisse-t-il surprendre ?
Quelle erreur ! ah ! de toi ne doit-on pas attendre
Toujours des miracles nouveaux ?

Du formidable Rhin le merveilleux passage,
En dix jours la Comté prise au fort des hivers,
L'Algérien forcé de rompre l'esclavage
Des Chrétiens gémissant sous le poids de ses fers,

Luxembourg[3] asservi sous cette loi commune
Semblaient avoir pour toi fatigué la fortune,
On ne concevait rien de plus beau, de plus doux :
Cependant dans les murs de ton fameux Versailles,
Tu vois plus grand encor qu'au milieu des batailles
Des Souverains à tes genoux.

Ah ! que de désespoir, d'étonnement, d'envie
Ce grand événement jettera dans les cœurs,
De tant de Rois jaloux de l'éclat de ta vie !
De combien voudraient-ils payer de tels honneurs ?
Mais leurs souhaits sont vains, ces éclatantes marques
N'illustreront jamais le nom de ces Monarques
Grands par le titre seul dont ils sont revêtus.
Toi qui pour un héros as tout ce qu'on demande,
Toi qui les passes tous, il faut que le Ciel rende
Ta gloire égale à tes vertus.

Tel dans un siècle heureux on vit régner Auguste :
Son nom fut adoré de cent Peuples divers ;
Il était comme toi, sage, intrépide, juste,
Et tu fais comme lui trembler tout l'Univers.
Comme toi triomphant sur la Terre et sur l'Onde
Lui-même se vainquit, donna la paix au monde,
Cultiva les beaux Arts, fit revivre les Lois.
Maître de tous les cœurs dans sa superbe Ville,
Au milieu d'une Cour magnifique et tranquille,
À ses genoux il vit des Rois.

Abondante en amis, plus abondante encore
En honneurs, en trésors, en vaisseaux, en guerriers :
Gênes, jusqu'au rivage où se lève l'aurore

Fit redouter son nom, et cueillit des lauriers.
Ce fertile pays source de tant de haines,
Où régna le beau sang qui coule dans tes veines :
Naples, a vu ses champs par son or envahis,
Et de la sage Ville épouse de Neptune,
Ses efforts auraient pu renverser la fortune,
Si le sort ne les eût trahis.

Fière encor aujourd'hui de plus d'un juste éloge
Que des siècles passés sa gloire a mérité,
Son Sénat refusait de t'envoyer son Doge,
Implorer le pardon de sa témérité ;
Mais l'affreux souvenir de l'état déplorable,
Où naguère l'a mis ton courroux redoutable,
A forcé son orgueil à ne plus contester.
Certaine que tu peux ce qu'on te voit résoudre,
Elle craint que ta main ne reprenne la foudre,
À qui rien ne peut résister.

Quelle gloire pour toi ! quel plaisir pour la France,
De venger aujourd'hui sur ces ambitieux,
Les divers attentats qu'avec tant d'insolence
Leurs pères ont formés contre tes grands aïeux !
Accoutumés à voir leur audace impunie,
Ces peuples n'employaient leurs trésors, leur génie,
Qu'à te faire partout de nouveaux ennemis.
Ils pensaient t'accabler sous le faix des intrigues,
Et n'ont fait que remplir par d'impuissantes brigues
Ce que les destins t'ont promis.

Ainsi quand des hivers les terribles orages
Contraignent un grand fleuve à sortir de ses bords

De ce fleuve irrité, fameux par ses ravages,
On croit par une digue arrêter les efforts :
Mais bien loin que son onde à ce frein s'accoutume,
Sa colère s'accroît, il mugit, il écume,
Il renverse demain ce qu'il laisse aujourd'hui,
Et plus fort que la digue à son cours opposée,
Elle n'est sur la rive où l'on l'avait posée
Qu'un nouveau triomphe pour lui.

Non content de venger tes aïeux et ta gloire,
Tu domptes l'hérésie[4], elle expire à tes yeux :
Tu fais de son débris ta plus chère victoire,
Ardent à soutenir la querelle des Cieux.
Tu le dois ; leurs faveurs, diverses, continues,
Jamais sur les mortels ne furent répandues
Si libéralement qu'elles le sont sur toi.
Quoi que le diadème ait de grand, d'agréable,
Des présents dont aux Cieux on te voit redevable,
Le moindre est de t'avoir fait Roi.

Mais le Doge paraît : que Gênes la Superbe
Est un charmant spectacle attachée à ton char !
Confuse d'avoir vu ses tours plus bas que l'herbe,
Elle n'ose sur toi porter un seul regard,
Ton grand cœur est touché des soupirs qu'elle pousse,
Tu rendras, je le vois, sa fortune plus douce ;
Mille fois tes bontés ont borné tes exploits,
Tu verrais l'Univers soumis à ta puissance,
Si depuis vingt moissons de ta seule clémence
Tu n'avais écouté la voix.

LVIII
À MONSIEUR DE POINTIS
Commandant une Galiote nommée la Cruelle[1]

Preux Chevalier, sage et de bon aloi,
Déjà savions par dame Renommée,
À qui tes faits donnent assez d'emploi,
Que dans ta Nef loin d'être clos et coi,
Quand sur Alger tombait Bombe enflammée,
Le fin premier affrontant le danger,
Sur la Cruelle as bien fait telle rage,
Que pêle-mêle Africain, Étranger,
Mosquée et Tours gisent sur le rivage[2].

Dans ton récit[3], gaie et fière je vois
Notre jeunesse à vaincre accoutumée
Aller au feu. Pourtant, comme je crois
À telle fête on n'est pas sans effroi :
Belle elle était, et tu l'as bien chômée.
Du Quesne[4] habile en l'art de naviger[5],
Sage en conseils, fameux par son courage,
Dit que par toi chez le More léger
Mosquée et Tours gisent sur le rivage.

De cette Gent sans honneur et sans foi
Par cet exploit l'audace est réprimée ;
Pour la réduire à suivre notre loi
Besoin sera d'Apôtres comme toi ;
Telle œuvre veut qu'on prêche à main armée.
On te verra sans doute ravager

Dans autre année autre infidèle Plage[6],
Dont on dira, comme on le dit d'Alger,
Mosquée et Tours gisent sur le rivage.

ENVOI

Peuples d'Alger, franchement dites-moi,
De Charles Quint[7] que mit en désarroi
Votre valeur aussi bien que l'orage,
Ou de LOUIS qui sait vous corriger ?
Quel est plus grand, plus vaillant, et plus sage ?
Bien mieux que nous vous en pouvez juger.
Mosquée et Tours gisent sur le rivage.

LIX
POUR LA NAISSANCE DE M. LE DUC DE BOURGOGNE
Idylle[1]

L'amour pressé d'une douleur amère
Éteint son flambeau, rompt ses traits,
Et par le Styx jure à sa mère
Qu'il ne s'apaisera jamais.
Tout se ressent de sa colère,
Déjà les oiseaux dans les bois
Ne font plus entendre leurs voix,
Et déjà le berger néglige sa bergère.
Ce matin les jeux et les ris[2],
De l'Amour les seuls favoris,

M'ont découvert ce qui le désespère.
Voici ce qu'ils m'en ont appris.
Un divin Enfant vient de naître,
M'ont-ils dit, à qui les Mortels
Avec empressement élèvent des autels,
Et pour qui sans regret nous quittons notre Maître.
Si l'Amour est jaloux des honneurs qu'on lui rend[3],
Il l'est encor plus de ses charmes :
En vain pour essuyer ses larmes,
Vénus sur ses genoux le prend[4],
Lui fait honte de ses faiblesses ;
Et quand par de tendres caresses
Elle croit l'avoir adouci,
D'un ton plus ferme elle lui parle ainsi.
Vous avez fourni de matière
Au malheur dont vous vous plaignez ;
L'aimable Enfant que vous craignez,
Sans vous n'eût point vu la lumière ;
Mais consolez-vous-en : lui qui vous rend jaloux,
Un jour soumis à votre empire,
Quoi que la Gloire en puisse dire,
Fera de vos plaisirs son bonheur le plus doux.
Reprenez donc votre arc ; quoi, mon fils, seriez-vous
Aux ordres des Destins rebelle ?
Songez que vous devez vos soins à l'Univers,
Que par vous tout se renouvelle ;
Que dans le vaste sein des mers,
Que sur la Terre et dans les airs,
La nature à son aide en tout temps vous appelle.
Ha, s'écria l'Amour, je veux me venger d'elle !
Contre elle avec raison je me sens animé :
Avec de trop grands soins cette ingrate a formé

Cet enfant, ce rival de ma gloire immortelle.
Concevez-vous quelle est ma douleur, mon effroi ?
Il est déjà beau comme moi.
Mais jusqu'où les Mortels portent-ils l'insolence ?
Sans respecter mon pouvoir, ni mon rang,
On ose comparer son sang avec mon sang ;
On fait plus ; sur le mien il a la préférence.
On ne craint point pour lui la céleste vengeance ;
Il a dans son Aïeul[5] un trop puissant appui ;
Quel Dieu pour la valeur, quel Dieu pour la prudence,
Pourrait avec LOUIS disputer aujourd'hui ?
Depuis qu'il fut donné pour le bien de la France,
On n'a plus adoré que lui.
De l'Univers, il règle la fortune ;
Par un prodige il est tout à la fois
Mars, Apollon, Jupiter et Neptune ;
Ses bontés, ses soins, ses exploits,
Font la Félicité commune.
Au-delà de lui-même il porte son bonheur,
À son auguste Fils[6] lui-même sert de guide ;
On voit ce Fils brûler d'une héroïque ardeur,
Et de gloire en tout temps avide,
Dans le sein même de la paix,
Aux frivoles plaisirs ne s'arrêter jamais.
Il se plaît à la chasse, image de la guerre[7],
Il se plaît à dompter d'indomptables chevaux,
En attendant le jour qu'armé de son tonnerre,
LOUIS en triomphant du reste de la Terre
Fournisse à sa valeur de plus nobles travaux.
Bien que de la beauté vous soyez la Déesse,
Vous ne lui causeriez ni transports ni désirs.
Heureux et digne Époux d'une jeune Princesse[8],

Qui mérite tous ses soupirs,
Il ne daigne tourner ses regards sur les autres.
À ses charmes aussi quels charmes sont égaux ?
Elle a les yeux aussi doux que les vôtres,
Et n'a pas un de vos défauts.
Vénus alors rougit de honte,
Et lançant sur son fils des regards enflammés,
Quoi donc, dit-elle, à votre conte
Une mortelle me surmonte ?
Hé bien, l'illustre Enfant dont vous vous alarmez,
Près de moi tiendra votre place.
Je veux (et le Destin ne m'en dédira pas)
Que quoi qu'il dise, ou quoi qu'il fasse,
On y trouve toujours une nouvelle Grâce :
Toutes vont par mon ordre accompagner ses pas.
L'Amour tremble à cette menace ;
Il veut flatter Vénus : mais Vénus à ces mots
Se jette dans son char, et vole vers Paphos[9].
Dans son cœur la colère à la honte s'assemble ;
Le chagrin de l'Amour s'accroît par ce courroux,
Et comme le chagrin et nous
Ne pouvons demeurer ensemble,
Nous avons résolu d'abandonner l'Amour,
Pour venir faire notre cour
Au beau Prince qui lui ressemble.
Voilà ce que les Ris et les Jeux m'ont conté ;
Ce Prince est si charmant qu'on les en peut bien croire ;
L'Amour est aujourd'hui jaloux de sa beauté :
Un jour viendra que Mars le sera de sa gloire.
Puisse-t-il toujours grand, être toujours heureux !
Puisse le juste Ciel accorder à nos vœux,
Pour lui de nombreuses années ;

Qu'il passe[10] des Héros les exploits inouïs,
Et qu'un jour s'il se peut ses grandes destinées
Égalent celles de LOUÏS.

LX
ÉPÎTRE
À MONSEIGNEUR LE DUC DE BOURGOGNE,
Sur la Prise de Mons[1]

Toi chez qui la raison devance les années.
Toi qui fais déjà voir ces guerrières ardeurs
Dont ont brûlé tous les grands cœurs.
Prince, à qui je promis de belles destinées,
Quand l'esprit agité des divines fureurs,
Je couvris ton Berceau de fleurs[2],
Souffre qu'à ta gloire sensible
J'entre dans les raisons qui doivent t'irriter[3].
Pour un Héros naissant quel chagrin plus terrible,
Que lorsqu'il voit exécuter,
Ce qu'on sait qu'il est impossible
À tous les Héros d'imiter !
Pour flatter ta douleur je sais qu'on pourra dire,
Que les événements divers
Qui font le destin d'un Empire,
Circulent avec l'Univers.
Qu'en son sein la nature enfin ne tient encloses
Qu'un nombre limité de choses
Que nous voyons passer et revenir toujours.
Et qu'ainsi ta valeur unie à ta prudence,

Pourra bien donner à la France
Des jours aussi beaux que nos jours.

Mais pourquoi t'abuser ? quand les Guerres futures
Ramèneraient pour toi ces grandes aventures
Qui de l'oubli sauvent les noms.
On ne reverra plus ensemble
Les circonstances que rassemble,
En faveur de LOUIS, la Conquête de Mons.
Cherche à suivre pourtant l'exemple qu'il te donne.
Si l'immortel Laurier dont son front se couronne
N'est réservé que pour lui seul.
Tu dois te consoler dans l'agréable attente
D'une gloire assez éclatante,
Tu peux, sans être égal à ton auguste Aïeul,
Passer tous les Héros que l'Antiquité vante.

Tu t'offenses Prince charmant
Mais écoute un peu moins ta fierté naturelle,
Et pour voir sur ce rare et grand événement
Si je parle plus juste qu'elle,
Quitte les Jeux, les Ris, où ton âge t'appelle,
Entre avec moi pour un moment
Dans tout ce que renferme une action si belle.
Vois cet amas prodigieux
De Bombes, de Canons, images de la Foudre
Qui jadis réduisit en poudre
Les Titans trop ambitieux.
Dans le même temps considère
Ce Camp[4] où l'abondance accompagne les pas
D'un monde de vaillants Soldats :
Peu semblable à ces Camps qu'une affreuse misère

Dépeuple autant que les Combats.
Avec tant de secret, d'Activité, d'Adresse,
Un si grand dessein s'est conduit,
Que la Nymphe qui vole et qui parle sans cesse,
N'en a pu répandre le bruit.
Utile et glorieux ouvrage
De ce Ministre habile, infatigable et sage[5],
Que le plus grand des Rois de sa main a formé.
Que ni difficulté ni travail ne rebute,
Et qui, soit qu'il conseille, ou soit qu'il exécute,
De l'esprit de LOUIS est toujours animé.

Sur ces préludes de Victoire
C'est assez arrêter tes yeux,
Regarde naître en d'autres lieux
D'autres occasions de gloire.
Vois l'orgueilleux Nassau[6], ce fameux Criminel,
À la Paix obstacle éternel,
Quitter ces sables blancs que la Mer enveloppe.
Vois cet Usurpateur à travers les hasards
Toucher à d'autres bords, et de toute l'Europe
Attirer sur lui les regards.
Dans ces vastes Marais où jadis ses Ancêtres
Ouvrirent la porte aux Erreurs,
Quand d'un Peuple infidèle armé contre ses Maîtres
Ils animèrent les fureurs.
Il se voit une Cour nombreuse, magnifique,
De Guerriers et de Souverains,
Victimes de sa politique.
Il voit ces fiers Républicains
Mettre leur sort entre ses mains,
Souffrir qu'il leur impose un Joug pesant et rude,

Et d'un peuple ennemi de toute servitude
N'être plus aujourd'hui que les Fantômes vains.

Tandis qu'à longs traits il s'enivre
De l'encens qu'il reçoit, des honneurs qu'on lui rend,
Louis, que la Victoire est engagée à suivre,
Marche, attaque Mons, et le prend.
Il semble que Nassau, de diverses Provinces
N'ait pris soin d'assembler ce grand nombre de Princes
Qu'il avait flattés, éblouis,
Par l'agréable espoir d'une vengeance prompte ;
Que pour voir de plus près sa honte,
Et le triomphe de LOUIS.

Qu'il est beau ce Triomphe ! et quelle vigilance,
Quelle Valeur, quelle puissance,
D'un coup d'œil fait-il découvrir !
Mais combien coûte-t-il d'alarmes !
Hélas ! Est-ce aux Rois à s'offrir
Au capricieux sort des armes ?
Et quand LOUIS trouvait des charmes
Aux dangers où sans cesse on le voyait courir,
Songeait-il qu'on payait par des torrents de larmes
La gloire qu'en Soldat il venait d'acquérir ?

Songeait-il que déjà ce dangereux exemple,
A séduit le Héros à qui tu dois le jour ?
Par quels périls à Philippsbourg
Grava-t-il son nom dans le Temple
Où la Gloire fait son séjour !
Mais à quoi sert-il de s'en plaindre ?
Toi-même pour te faire un nom aussi fameux,

Quelque jour pour toi feras craindre
Ce qu'on craint aujourd'hui pour eux.

La valeur chez les Rois devrait toujours se taire.
Former de glorieux projets
Est ce qu'ils doivent savoir faire.
L'honneur d'exécuter appartient aux Sujets.
Ce n'est point une loi trop dure
De s'offrir pour son Prince aux plus terribles coups.
Non, dans quelque intérêt que mette la nature,
D'un sort si brillant et si doux
Jamais un grand cœur ne murmure.
Hélas ! qui peut le savoir mieux ?
Le sang d'un Fils[7], l'objet de toute ma tendresse,
Et qu'à ce Roi vengeur des querelles des Cieux,
Mon zèle a consacré dès sa tendre jeunesse,
Ne vient-il pas pour lui de couler à ses yeux ?

Jeune Prince, l'espoir de ce puissant Empire.
De Nice[8] asservie à nos lois
Et de tant d'autres grands Exploits
Que j'aurais de choses à dire !
Mais la voix me manque, et mes doigts
Ne sauraient plus tirer aucuns sons de la Lyre[9],
Qu'Apollon favorable au zèle qui m'inspire,
Pour célébrer LOUIS, me prêta tant de fois.

LXI
ÉPÎTRE
À M. LE DUC DE MONTAUSIER,
En lui envoyant la Ballade qui suit[1]

Montausier dont le cœur ferme, grand, et sincère
Seul dans un siècle corrompu
Possède, connaît, et révère
Le vrai mérite, et l'antique vertu :
Souffrez qu'en vos mains je dépose
Les innocents chagrins de mon cœur irrité.
Hé quoi peut-on souffrir avec tranquillité,
Qu'au mépris de ces lois que la tendresse impose,
L'intérêt ou la vanité
Soit en amour le but qu'on se propose ?
Mon cœur de leur pouvoir jaloux
Ne peut sans murmurer voir qu'on leur sacrifie
Ce que la vie a de plus doux,
Et même quelquefois la vie.
De là vient son chagrin, de là vient son courroux :
À qui pourrais-je mieux les confier qu'à vous ?
Quel autre comme vous de cette erreur commune
A sauvé son cœur aujourd'hui ?
Quel autre comme vous a dédaigné l'appui
De ces fiers favoris que la seule fortune
Élève au faîte des grandeurs,
Et que suit lâchement une foule importune
D'esclaves et d'adorateurs ?
Qui comme vous enfin des lois de la constance
S'est fait d'inviolables lois ?

Loin de voir en vous l'indolence
Qui suit de près la jouissance,
L'hymen n'a rien fait perdre à l'amour de ses droits[2].
Occupé par ces grands et pénibles emplois
Au bonheur de l'État si chers, si nécessaires,
Ne vous a-t-on pas vu tendrement alarmé ?
Au milieu des combats n'avez-vous pas aimé ?
Et votre âme au-dessus des âmes ordinaires
Ne garde-t-elle pas toujours
Le triste souvenir de vos tendres amours ?
Oui, la mort de l'illustre et divine Julie[3]
En vous triomphe tous les jours
Des superbes plaisirs dont la Cour est remplie.
Vous seul épris d'un feu durable autant que beau
Avez porté l'amour au-delà du tombeau ;
Seul aussi vous pouvez comprendre
Et plaindre les ennuis profonds
Que souffre un cœur fidèle et tendre,
Dans un siècle où l'Amour n'est que dans les chansons.

LXII
IDYLLE
SUR LA MORT
DE MONSIEUR LE DUC
DE MONTAUSIER[1]

Sur le bord d'un ruisseau paisible
Olympe se livrait à de vives douleurs,
Et malgré ses autres malheurs
Au sort de MONTAUSIER attentive et sensible,

Disait en répandant des pleurs :
Qu'allez-vous devenir, belles infortunées,
Muses, qu'il protégea dès ses jeunes années ?

Qu'allez-vous devenir, héroïques Vertus,
Vous qui tremblantes, éplorées,
Après vos Temples abattus,
Chez lui vous étiez retirées ?
Les titres précieux dont furent revêtus
Ces Grecs et ces Romains, ornements de l'Histoire,
Sont dus à ce Héros d'immortelle mémoire,
Qui par des sentiers peu battus,
Marcha d'un pas égal vers la solide gloire.

Muses, Vertus, hélas ! qui sera votre appui ?
Et qui regardera comme d'affreux spectacles
Votre misère et votre ennui ?
Qui vous écoutera ? Qui voudra comme lui
Vous conduire à travers d'innombrables obstacles
Au grand Roi qui règne aujourd'hui ?
Ah, qu'une telle perte ouvre de précipices !
Qu'elle va vous livrer à d'injustes caprices !
Que de dédains, que de dégoûts !
Muses, Vertus, hélas ! l'Ignorance et les Vices
Peut-être par sa mort triompheront de vous.

Injustice de la nature !
Les arbres dont l'ombrage embellit ces coteaux,
Ne craignent point des ans l'irréparable injure[2] ;
Leur vieillesse ne sert qu'à les rendre plus beaux.
Après avoir d'un siècle achevé la mesure,
Ils passent bien avant dans des siècles nouveaux :

Où voit-on quelqu'homme qui dure
Autant que les sapins, les chênes, les ormeaux ?

Mais pourquoi m'amuser dans ma douleur mortelle
À faire à la nature une vaine querelle ?
Arbres qui vivez plus que nous,
Jouissez d'un destin si doux ;
J'ai bien d'autres sujets de murmurer contr'elle[3].
Puis-je voir sans blâmer des ordres si cruels,
Qu'un de ces indignes mortels
Que dans sa paresse elle forme
De ce qu'elle a de plus mauvais,
Plus tard que MONTAUSIER s'endorme
De ce fatal sommeil qui ne finit jamais ?

Un excès de douleur et de délicatesse
Porte ma colère plus loin.
Tout homme, quel qu'il soit, dont elle a pris le soin
De conduire la vie à l'extrême vieillesse,
Quand il s'offre à mes yeux les blesse.
Non, je ne saurais plus souffrir
Que de la fin d'un siècle ici quelqu'un approche,
Sans lui faire un secret reproche
Du long temps qu'il est à mourir.

Vous, qu'avec une ardeur sincère
J'invoquais pour sauver une Tête si chère,
Dieux quelquefois ingrats et sourds !
Seize lustres entiers ne firent pas le cours
D'une vie également belle,
Et qui devait durer toujours,
Si le mérite était un assuré secours

Contre une loi dure et cruelle.
Vous ne vouliez pas que son cœur
Eût le plaisir de voir ce Prince dont l'enfance
Fut confiée à sa prudence[4],
Une seconde fois Vainqueur
Des fières Nations que l'envie et l'erreur
Osent armer contre la France.

Vous êtes satisfaits. Les barbares efforts
De la Déesse qui délie
Les invisibles nœuds qui joignent l'âme au corps[5],
Ont fait que sur les sombres bords
MONTAUSIER a rejoint sa divine Julie.
Tous deux malgré cette eau qui fait que tout s'oublie[6],
Sentent encor de doux transports ;
Et tous deux sont suivis de ces Illustres Morts,
Qui dans une saison aux Muses plus propice,
Firent de leurs charmants accords
Retentir si longtemps le Palais d'Arthénice[7],
Tandis que des grands noms du Héros que je plains
Aux siècles à venir on transmet la mémoire,
Et que les plus savantes mains
Élèvent à l'envi des Temples à sa gloire.

LXIII
BALLADE[1]

À Caution tous amants sont sujets,
Cette maxime en ma tête est écrite :
Point n'ai de foi pour leurs tourments secrets,

Point auprès d'eux n'ai besoin d'eau bénite[2].
Dans cœur humain probité plus n'habite.
Trop bien encor a-t-on les mêmes dits
Qu'avant qu'astuce au monde fût venue :
Mais pour d'effets, la mode en est perdue :
On n'aime plus comme on aimait jadis.

Riches atours, table, nombreux valets,
Font aujourd'hui les trois quarts du mérite.
Si des amants soumis, constants, discrets,
Il est encor ; la troupe en est petite.
Amour d'un mois est Amour décrépite ;
Amants brutaux sont les plus applaudis ;
Soupirs et pleurs feraient passer pour grue,
Faveur est dite aussitôt qu'obtenue,
On n'aime plus comme on aimait jadis.

Jeunes beautés en vain tendent filets :
Les Jouvenceaux, cette engeance maudite,
Font bande à part, près des plus doux objets :
D'être indolent chacun se félicite.
Nul en Amour ne daigne être hypocrite ;
Ou si parfois un de ces étourdis
À quelques soins s'abaisse et s'habitue,
Don de merci[3] seul il n'a pas en vue :
On n'aime plus comme on aimait jadis.

Tous jeunes cœurs se trouvent ainsi faits.
Telle denrée aux folles se débite.
Cœurs de barbons sont un peu moins coquets.
Quand il fut vieux le diable fut ermite[4] ;
Mais rien chez eux à tendresse n'invite.

Par maints Hivers, désirs sont refroidis.
Par maux fréquents humeur devient bourrue.
Quand une fois on a tête chenue,
On n'aime plus comme on aimait jadis.

ENVOI

Fils de Vénus, songe à tes intérêts,
Je vois changer l'encens en camouflets[5] :
Tout est perdu si ce train continue.
Ramène-nous le siècle d'Amadis[6].
Il t'est honteux qu'en Cour d'attraits pourvue,
Où politesse au comble est parvenue,
On n'aime plus comme on aimait jadis.

LXIV
RÉPONSE
À M. LE DUC DE SAINT-AIGNAN
Ballade[1]

Duc, plus vaillant que les fiers Paladins,
Qui de géants conquêtaient les armures[2] ;
Duc plus galant que n'étaient Grenadins[3],
Point contre vous ne sont mes écritures.
Grand tort aurais de blasonner[4] vos feux.
Hé, qui ne sait, beau Sire, je vous prie,
Qu'en fait d'amour et de chevalerie
Onques ne fut plus véritable preux ?

Vous pourfendez vous seul quatre assassins[5],
Vous réparez les torts et les injures ;
Feriez encore plus d'amoureux larcins
Que jouvenceaux à blondes chevelures.
Ce que jadis fit le beau ténébreux[6],
Auprès de vous n'est que badinerie.
D'encombriers vous sortez sans féerie[7],
Onques ne fut plus véritable preux.

Jamais l'Aurore aux doigts incarnadins[8],
Aux jours brillants ne change nuits obscures,
Que cault[9] Amour et Mars aux airs mutins
Vous n'invoquiez pour avoir aventures.
Vous bravez tout, malgré les ans nombreux
Qui volontiers empêchent qu'on ne rie,
Avez d'un Fils augmenté votre Hoirie :
Onques ne fut plus véritable preux.

ENVOI

Que puissiez-vous, Chevalier valeureux,
En tout combat, en butin amoureux,
Ne vous douloir jamais de tromperie,
Et qu'à l'envi chez nos derniers neveux,
Lisant vos Faits, hautement on s'écrie,
Onques ne fut plus véritable preux.

LXV
TROISIÈME BALLADE DE MADAME DESHOULIÈRES À M. LE DUC DE SAINT-AIGNAN[1]

Los[2] immortel que par fait héroïque
Chevalerie en tous lieux acquérait,
Vous fait aimer ce temps hyperbolique :
Quant est de moi ce qui plus m'en plairait,
Ce n'est combat, vêture magnifique,
Tournois fameux, mais bien l'Amour antique
Dont triste mort seule voyait le bout.
Bon Chevalier que tout craint et révère,
Ainsi le monde en sentiment diffère,
Opinion chez les hommes fait tout.

L'un rit de tout, l'autre mélancolique
D'Arlequin même en mille ans ne rirait.
L'un pour jouer fait devenir étique
Son train et lui, l'autre ne troquerait
Pour mines d'or sa verve poétique[3].
L'un de toute œuvre entreprend la critique,
Et fait souvent conte à dormir debout :
L'autre à son gré réglant le ministère,
De se régler ne s'embarrasse guère,
Opinion chez les hommes fait tout.

Espoir de gain fait faire aux flots la nique[4],
Désir de gloire en périlleux endroit
Conduit Guerriers. Nature pacifique

Aux Magistrats met en tête le Droit.
Ambition fait que le coffre on pique.
Vanité fait que Philosophe explique :
Comment tout vient en quoi tout se résout.
Chaque mortel coiffé de sa chimère,
Croit à part soi que mieux on ne peut faire :
Opinion chez les hommes fait tout.

Non moins diverse en chaque République
Est la coutume ; ici punir on voit
Sœur avec qui son frère prévarique,
Et la Persane en son lit le reçoit :
Germains font cas de la liqueur Bachique,
Le Musulman en défend la pratique.
Subtil larcin Lacédémone[5] absout.
Où le Soleil monte sur l'Hémisphère,
Par pitié le fils meurtrit son père :
Opinion chez les hommes fait tout.

ENVOI

Duc, dont le los vole du sein Persique
Jusqu'où Phébus finit son tour oblique,
De mon Germain[6] point ne savez le goût.
Grosse Abbaye à la mitre il préfère,
Trop lourd, dit-il, est sacré caractère.
Opinion chez les hommes fait tout.

LXVI
RONDEAU REDOUBLÉ
À M. LE DUC DE SAINT-AIGNAN
Sur la guérison de sa fièvre quarte[1]

Sans dégainer et sans monter Moreau[2]
Mettez à fin périlleuse aventure :
Onc[3] Chevalier ne fit exploit plus beau !
Contre vous-même en ferais la gageure.

Quoi de félonne et laide créature,
Fièvre qui sait ouvrir l'huis du tombeau,
Savez en bref faire déconfiture
Sans dégainer, et sans monter Moreau !

Vaincre, pour vous n'est pas un fait nouveau,
Ne gît beau Sire en ce point l'enclouure[4].
Dès votre Avril comme Hercule au berceau
Mettez à fin périlleuse aventure.

Mais qu'en combat où rien ne sert armure ;
Où rien ne sert qu'on ait féé[5] la peau,
Ayez dompté qui dompte la nature !
Onc Chevalier ne fit exploit plus beau !

Ci vous verrons encor faire Rondeau,
Fendre géants du chef à la ceinture,
Faire de vous plus d'un vivant tableau,
Contre vous-même en ferais la gageure.

Or de mes vœux si le destin a cure,
Point n'entrerez dans le fatal bateau
Qu'un siècle n'ait accompli sa mesure[6].
Point ne serez sans amours, sans pipeau[7],
Sans dégainer.

LXVII
BALLADE
À M. CHARPENTIER[1]

Fameux Auteur, de tous auteurs le Coq[2] :
Toi dont l'esprit agréable et fertile,
Des Latineurs a soutenu le choc
Par un écrit dont sublime est le style,
Plus éloquent que ne fut feu Virgile :
Tu leur fais voir qu'on doit les mettre au croc.
Pour chaque trait tu leur en rends deux mille,
Quand tu combats, la victoire t'est hoc.

Dans leurs discours et ab hac et ab hoc,
Ils ont crié qu'à Paris la grand'Ville,
Où l'étranger est en proie à l'escroc,
Inscription Française est inutile.
Latinité moins serait difficile,
Disent-ils tous, pour la Gent vide-broc.
On prêche en vain un si faux Évangile,
Quand tu combats, la victoire t'est hoc.

Du Grand Louis[3] qui de taille et d'estoc
De l'Univers fera son domicile,

Et dont le cœur s'ébranle moins qu'un roc :
Pourquoi les faits, par une erreur servile,
Mettre en Latin ? Non, non, tourbe indocile,
D'inscriptions nous allons faire troc.
Par toi Damon Pédants vont faire gile,
Quand tu combats, la victoire t'est hoc.

ENVOI

Grands savantas, Nation incivile,
Dont Calepin est le seul ustensile,
Plus on ne veut ici de votre afroc,
Français langage est or, le vôtre argile,
Bon seulement pour gens qui portent froc.
Poursuis Damon, ils n'ont plus d'autre asile,
Quand tu combats, la victoire t'est hoc.

LXVIII
ÉPÎTRE
À MONSIEUR
LE PELETIER DE SOUZY[1]

Je ne saurais m'en empêcher.
Il faut, Seigneur, que je vous gronde ;
Je vous cherche avec soin, mais j'ai beau vous chercher,
Je ne saurais vous approcher,
Que lorsque votre porte ouverte à tout le monde
Me mêle avec les gens qu'on aime à dépêcher[2].
Quelque réflexion profonde
Que fasse là-dessus mon esprit alarmé,

Je ne devine point sur quoi cela se fonde,
Et je n'ai pas accoutumé
Que dans la foule on me confonde.
Si vous pouviez savoir les affligeants discours
Que me tient en secret le plus insurmontable,
Le plus dangereux des amours,
Vous seriez moins impraticable.

Vous êtes étonné, Seigneur,
Mais que votre esprit se rassure.
Je n'aspire point à l'honneur
D'aucune galante aventure.
L'Amour dont je vous parle, à lui-même est borné[3],
Il fait d'un peu d'encens toute sa nourriture ;
La raison, la sagesse, en vain l'ont condamné,
Avec nous cet amour est né,
Autant que nous cet amour dure.
C'est un faible, il est vrai, mais tout examiné,
C'est un faible que la nature
Aux plus grands hommes a donné.

Personne n'est assez sincère
Pour avouer, comme je fais,
Tout ce que fait souffrir l'amour-propre en colère.
L'un dit, je n'en ai point, l'autre je n'en ai guère.
Si de tels discours étaient vrais,
Les Dames craindraient moins qu'on les vît négligées,
De n'avoir pas dormi seraient moins affligées ;
Et n'emprunteraient point d'attraits.
Les Amants, les Guerriers, ne rompraient point la tête
De leur bonne fortune, et de tous leurs hauts faits ;
Messieurs les beaux esprits se feraient moins de fête :

Et quand ce qu'ils font est mauvais,
Ils souffriraient du moins en paix
Qu'on fît de leur ouvrage une critique honnête.
Mais que fais-je, et pourquoi dans ma lettre entasser
Bagatelle sur bagatelle ?
Seigneur, en la lisant vous pouvez les passer,
Revenons à notre querelle.

Comme votre bonté jointe à votre pouvoir,
À beaucoup d'importuns tous les jours vous expose,
Peut-être croyez-vous que je ne veux vous voir,
Que pour demander quelque chose ;
En ce cas, c'est bien fait d'avoir sa porte close.
Dans un temps de besoins, et d'embarras tissu[4],
Demandeur, quel qu'il soit, doit être mal reçu.
Mais, Seigneur, un Portier doit-il être barbare,
Quand on vient pour remercier,
Et d'un compliment aussi rare,
Doit-on si peu se soucier ?

Ne dirait-on pas à m'entendre
Que le malheur du temps fixe votre bonté ;
Que pour les maux d'autrui vous devenez moins tendre,
Et qu'un remerciement doit par sa rareté
Agréablement vous surprendre ?
Ah ! si comme chacun a de différents goûts,
Les raretés pouvaient vous plaire,
Il faudrait pour vous satisfaire,
Vous faire voir des gens qui se plaignent de vous.

Mais où les rencontrer, quand chacun vous honore,
Quand de tous côtés on n'entend

Que des gens que l'excès de vos bontés surprend ;
Qui se disent, personne en vain ne les implore,
Partout il fait des cœurs une riche moisson,
Et quoi qu'il serve bien on ne voit point encore
De malheureux de sa façon ?

Que cet éloge est grand ! Seigneur, toute la gloire
Qu'au milieu des sanglants combats
Donne une célèbre victoire,
À beaucoup près ne le vaut pas.

D'un si précieux caractère
On a vu la nature avare en tous les temps,
Et même dans le cours des emplois éclatants,
Un si beau naturel ne se conserve guère.
Cependant moi qu'on ne verra
Ni juger brusquement d'une chose future,
Ni mettre volontiers mon bien à l'aventure,
Je gagerai ce qu'on voudra,
Que lorsque de LOUIS l'équité toute pure,
Vous placera, Seigneur, au gré de mes souhaits,
L'abondance de ses bienfaits,
Dont le parfait mérite est toujours la mesure,
En vous ne corrompra jamais
Ce qu'a mis de bon la nature,
Et je gagnerai ma gageure.

En attendant cet heureux jour,
Où par une conduite habile, juste et sage,
Vous ramènerez ce bel âge
Où le monde naissant, du bien et de l'amour,
Faisait un innocent usage :

Donnez ordre, Seigneur, qu'on ne me dise plus
Ce qu'on s'accoutume à me dire.
Souffrez que j'aille enfin dans vos moments perdus
Délasser votre esprit de tout l'ennui qu'attire
Un pénible travail et des soins assidus.
Je ne m'en fierai point à moi seule, et je pense
Qu'avec moi je vous mènerai
Des gens de votre connaissance,
Horace, Virgile, Térence.
Et peut-être avec eux je vous amuserai.

LXIX
ÉPÎTRE
À M. LE MARÉCHAL, DUC DE VIVONNE[1]

Qu'il fait beau faire voyage
Quand de froid on est transi !
Puissent les ennuis, la rage,
Les chagrins et le souci,
Être de votre équipage.
Puisse tout l'air épaissi
Vous régaler d'un orage.
Puisse l'enfant sans merci[2]
Vous forcer à rendre hommage
À quelque Iris de Village
Au teint couleur de souci,
Au pied sentant le fromage,
Qui soit de tortu corsage
Par quelque pitaud[3] grossi,
Dont le cœur fourbe et volage

Vous aime *coussi coussi*[4],
Qui pour couronner l'ouvrage
Ait à votre grand dommage
D'autres *mais* et d'autres *si*,
Cent fois pires que ceux-ci.
Vous allez croire, je gage
Que par un pur badinage
Je vous écris tout ceci.
D'autres diraient *Seignor si*[5] :
Mais moi qui hais l'esclavage,
Je vous dis que c'est l'image
D'un courroux qui se soulage.
Pourquoi partiez-vous aussi ?
Je renfrognai mon visage,
Quand on me dit pour Roissy
Le Maréchal déménage.
Hé quoi, vous pliez bagage,
Lorsque d'un air radouci
Dame d'assez haut parage
Vient manger votre potage !
Jeunes gens de ce temps-ci[6]
N'en feraient pas davantage.
Rien pourtant d'affreux présage
N'éclate en vous dont voici
Un portrait en raccourci.
Un pur et charmant langage
Brillant, sans être farci
De ces grands mots dont l'usage
N'a jamais bien réussi.
Un génie heureux et sage
Qui par rien n'est rétréci.
Un renom qui n'est noirci

Par nul vain tripotage.
Un cœur jamais endurci
Pour ceux que le sort outrage.
Un antique et haut lignage
Bien nettement éclairci,
Une conduite, un courage
Que connaît plus d'une plage[7],
Qui du peuple circoncis
A le croissant obscurci,
Qui sur ce fameux rivage
Où d'Etna le voisinage
Répand un goût de roussi
Fit ployer l'orgueil du Tage,
Qui vous fit passer à nage
Le profond Rhin tout ainsi
Que le moindre marécage :
Terrible et fameux passage
Qui fit froncer le sourcil
Aux braves à triple étage[8] ;
Enfin tout ce qu'en partage
Eut le plus grand personnage,
Vous l'avez eu Dieu merci.
Bonsoir Héros de notre âge,
Le sommeil dans un nuage
Vient de passer par ici.

LXX
ÉPÎTRE
À M. L'ÉVÊQUE ****[1]

Damon que vous êtes peu tendre !
Ne vous pourrais-je point imiter quelque jour ?
Faire à Paris un long séjour,
Savoir que chez les morts je suis prête à descendre[2],
Et sans daigner me voir retourner à la Cour !

Est-ce que la gloire immortelle
Dont vous venez d'être couvert
Fait que le souvenir se perd
D'une amitié tendre et fidèle ?
Non, vous êtes accoutumé
À voir tout le monde charmé
De votre divine éloquence.
L'orgueil sur votre esprit ne prend point de pouvoir,
Et votre seule négligence
Vous a fait partir sans me voir.

Vous rompez pour jamais cette amitié sincère
Qui devait de vos jours égaler la longueur,
Et qui de mon timide cœur
Était la principale affaire !
Hélas, d'où vient tant de froideur !
Qu'ai-je fait pour la faire naître ?
Ah ! craignez que dans ma douleur
Je n'engage l'amour contre vous à paraître
Dans les intérêts de sa sœur.

Cette menace vous alarme.
Un sage être amoureux ! qu'est-ce qu'on en dirait ?
Évitez ce malheur. Un soupir, une larme,
Chez la postérité vous déshonorerait.
Les sévères lois du portique[3]
Doivent rendre qui les pratique
Inaccessible aux passions,
Et les moindres émotions
Sont des crimes pour un Stoïque.

Quelle honte pour vous qui voyez sans pitié
Toutes les faiblesses humaines,
Si pour punir les torts faits à mon amitié
Quelque Iris[4] vous rendait plus fou de la moitié
Que tous les Céladons, que tous les Artamènes[5] ?
Sur vos doctes emplois ne vous assurez pas,
Tremblez, Damon, tremblez ; la raison des grands hommes
Tant des siècles passés que du siècle où nous sommes,
Dans un si beau chemin a fait plus d'un faux pas,
Ce petit Dieu malin au dos chargé de plumes[6]
Dont les dépits, les amertumes,
Sont pour les tendres cœurs des sources de plaisirs,
Vous fera, s'il le veut, pousser de longs soupirs
Au milieu de mille volumes.

Contre la rigueur des destins
La Morale pourrait rendre une âme assez forte :
Mais, Damon, eussiez-vous des Grecs et des Latins,
Toutes les raisons pour escorte,
L'Amour n'en serait pas d'un jour plus tard vainqueur.
Lorsqu'il veut entrer dans un cœur,
Il ne s'amuse pas à frapper à la porte.

Il aime à triompher de l'orgueil d'un savant ;
C'est sa plus éclatante et plus douce victoire.
Ces sages qu'on nous vante tant,
Et dont vous effacez la gloire,
Pour s'empêcher d'aimer firent de vains efforts,
Et toute leur philosophie
Ne leur servit, Damon, qu'à sauver les dehors
D'une voluptueuse vie.

Ainsi, plus agité que ne le sont les flots,
Lorsqu'Éole ouvre sa caverne,
Mon cœur fait des desseins contre votre repos,
En cœur que le dépit gouverne.
Mais de ce dangereux dépit
Ma raison s'est rendue aussitôt la maîtresse :
Il vaut mieux à ce qu'elle dit
Qu'un ami comme vous ait un peu de paresse
Que trop d'empressement et de délicatesse.

Contre un faible dépit dont elle rompt le cours
Ne cherchez donc point de secours.
Je ne laisserai point à ce guide infidèle
La conduite d'un cœur qui respecta toujours
De la triste raison l'autorité cruelle.
Que tous vos jours, Damon, soient de tranquilles jours.
Que jamais rien ne renouvelle
En vous le souvenir d'une amitié si belle.
Je sens frémir mon cœur à ce triste discours ;
La tendresse en gémit. Mais les retours vers elle
Sont de trop dangereux retours.

LXXI
RIMES EN OUILLE[1]

Amoureux Rossignols, de qui la voix chatouille
L'oreille et le cœur à la fois ;
Zéphyrs, qui murmurez dans le fond de ce bois ;
Ruisseaux, de qui l'onde gazouille,
Taisez-vous, laissez-moi dans un profond repos
Rêver quelques moments au plus grand des Héros[2].
Jamais d'une campagne il n'est sorti bredouille.
Dès que ses ennemis ont osé l'irriter,
Sur eux on l'a vu remporter
Plus d'une glorieuse et superbe dépouille.
Rien ne résiste à sa valeur :
Tout rit à ses désirs. Malheur, trois fois malheur
À quiconque avec lui se brouille.
Bien qu'un calme profond règne dans ses États,
Ses guerriers toutefois ne se reposent pas.
De peur que dans la paix leur valeur ne se rouille
Tantôt le fier soldat par sa vue animé
S'exerce dans la plaine d'Ouille[3] ;
Et tantôt dans un camp pour six mois renfermé
Il fait sentinelle et patrouille.
L'État ne souffre point par ces grands mouvements,
En pleine sûreté près de ces nombreux camps,
Mûrit le doux raisin, et grossit la citrouille,
La vache y paît l'herbage, et la cane y farfouille[4].
L'avare laboureur y moissonne ses champs,
Sa fille sans danger y file sa quenouille,
Et jamais il ne voit sans de prompts paiements

Emporter le lard et l'andouille
De son chétif foyer uniques ornements.
En vain dans les vieux temps je fouille
Pour pouvoir comparer ses faits à d'autres faits,
Les antiques Héros ont toujours quelque *mais*,
Ou quelque *si* qui les barbouille,
Et chez LOUIS le Grand on n'en trouve jamais :
Dans les travaux de Mars, dans le sein de la paix,
Par nul dérèglement sa gloire ne se souille.
Puisse-t-il triompher toujours !
Puisse-t-il ne passer que d'agréables jours !
Que jamais de pleurs on ne mouille
Les Autels pour un Roi si grand, si fortuné,
Devant eux qu'on ne s'agenouille
Que pour bénir le Ciel de nous l'avoir donné !

LXXII
SONNET EN BOUTS-RIMÉS
SUR L'OR[1]

Ce métal précieux, cette fatale. . . . . *pluie*
Qui vainquit Danaé[2], peut vaincre. . . . . *l'Univers.*
Par lui les grands secrets sont souvent. . . *découverts,*
Et l'on ne répand point de larmes qu'il. . . *n'essuie.*

Il semble que sans lui tout le bonheur nous. . . *fuie,*
Les plus grandes cités deviennent des. . . . . . *déserts,*
Les lieux les plus charmants sont pour nous des. . . *enfers* ;
Enfin tout nous déplaît, nous choque, et nous. . . *ennuie.*

Il faut pour en avoir ramper comme un. . . . . . *lézard.*
Pour les plus grands défauts c'est un excellent. . . *fard.*
Il peut en un moment illustrer la. . . . . . *canaille.*

Il donne de l'esprit au plus lourd. . . . . . *animal.*
Il peut forcer un mur, gagner une. . . . . . *bataille.*
Mais il ne fait jamais tant de bien que de. . . *mal.*

LXXIII
À
MONSIEUR CAZE,
Pour le jour de sa Fête[1]

1 On dit que je ne suis pas Bête[2].
Cependant n'en déplaise aux donneurs de Renom,
Quand il faut chanter votre Fête,
Je ne saurais tirer un seul vers de ma tête.
Jean ! que dire sur Jean ? C'est un terrible nom,
Que jamais n'accompagne une Épithète honnête.
Jean des Vignes, Jean Logne[3]... Où vais-je ? trouvez bon
Qu'en si beau chemin je m'arrête ;
Et que pour comparer vous et votre Patron,
Je prenne sur un autre ton,
Ce que la Légende me prête.
M'y voilà. Commençons par le Saint[4] qu'aujourd'hui
Notre Mère la sainte Église
Ordonne que l'on solennise,
Et voyons quel rapport vous avez avec lui.
Ou je m'y connais mal, ou vous n'en avez guère,
Point du tout même à parler franc,

L'Évangéliste et vous, plus je vous considère
Et plus je vais du noir au blanc.
Avoir pu de Satan éviter tous les pièges.
Avoir été d'un Dieu le Disciple chéri.
Jusqu'à la fin des temps voir les glaçons, les neiges,
Faire place au Printemps fleuri.
Privilège, qui seul vaut tous les privilèges !
N'est pas selon moi, ce qui fait
De l'Apôtre et de vous toute la différence,
Et l'Apocalypse est un trait,
Qui fussiez-vous un Saint parfait,
Gâterait fort la ressemblance.
Ô qu'heureuses auraient été
Quantité de doctes cervelles,
Si Saint Jean eût écrit avec la netteté,
Qui jointe au tour charmant, aux grâces naturelles,
Rend vos tendres Chansons si belles !
Mais que fais-je ! où m'emporte un enjouement outré ?
Comparer un Livre sacré
À de profanes bagatelles !
De telles libertés trouvent plus d'un censeur,
Qui charitablement en fait un mauvais conte.
Évitons un danger qui n'est jamais sans honte.
Peut-être chez le Précurseur[5]
Trouverons-nous mieux notre compte.
Essayons. Ah ! c'est encor pis.
Vous n'êtes en rien parallèles.
Il prêchait au désert, et vous dans les ruelles[6].
Une peau de Chameau faisait tous ses habits.
Vous donnez volontiers dans les modes nouvelles.
Il se désaltérait dans un coulant ruisseau,
Se nourrissait de sauterelles.

Vous ne quitteriez pas les ortolans pour elles.
Et je me trompe fort, ou vous n'aimez que l'eau
Que boivent à longs traits les neuf doctes pucelles[7].
Vous le voyez, j'ai beau chercher,
Tourner, approfondir, passer d'un Saint à l'autre,
Vous n'avez rien du tout, soit dit sans vous fâcher,
Du Précurseur ni de l'Apôtre.
J'enrage cependant avec mon bel esprit.
Aussi pourquoi faut-il, tourné comme vous êtes,
Porter un nom qui ne fournit
Rien d'agréable à dire aux plus savants Poètes,
Et sur qui, si j'osais en croire mon dépit,
Je reviendrais aux Épithètes ?
Demeurez-en d'accord, ce n'est pas sans raison
Que de votre nom effrayée,
Je me suis d'abord écriée ;
Que dirais-je sur un tel nom ?
J'ai prévu l'embarras, quand je fais quelque ouvrage
Je tâte toujours le terrain.
Ah ! que maudit soit le parrain
Qui vous alla donner ce beau nom en partage.
Il était sans doute en courroux,
Et voulait vous faire une injure.
Fut-il jamais un nom d'un plus mauvais augure !
Croyez-moi, débaptisez-vous.

LXXIV
À MONSIEUR L'ABBÉ DE LAVAU[1]

Il est aujourd'hui votre Fête ;
Et de ces agréables fleurs,
Dont le temps ne saurait effacer les couleurs,
Ma main devrait, Abbé, couronner votre tête.
Mais hélas ! depuis quelques jours
Je cherche en vain sur le Parnasse
Ces vives fleurs que rien n'efface,
Et que vous y cueillez toujours.
Que vous donner donc en leur place ?
Un simple bonjour, c'est trop peu.
Mon cœur ? c'est un peu trop, quoique sa saison passe.
Il ne faut même pas, de votre propre aveu,
Que jamais de son cœur mon sexe se défasse ;
Et d'ailleurs, dans le train où vous a mis la Grâce,
Train, qui chez vous n'est point un jeu,
Le présent d'un cœur embarrasse.

Je sais que depuis quelque temps
On donne pour bouquet des bijoux importants ;
Mais quand vous verrez la fortune,
Demandez-lui, si dans ces lieux
Où les Muses chantent le mieux,
Elle daigne en mettre quelqu'une
En pouvoir de donner des bijoux précieux.

Pas une des neuf sœurs par elle n'est aidée.
Abbé, le nom de bel esprit
Ici ne donne point d'idée
De gloire, d'aise, de crédit,
Comme de certains noms, qui d'abord qu'on les dit
Tous pauvres qu'ils sont par eux-mêmes
Remplissent l'esprit de trésors,
De voluptés, d'honneurs suprêmes
Partout excellents passeports
Des vices de l'âme et du corps.

Je m'égare, et je moralise,
Peut-être un peu hors de saison.
Qu'y faire ? malgré la raison,
Dans tout ce qu'on écrit on se caractérise.
Cependant revenons à vous,
Tâchons par des souhaits à nous tirer d'affaire.
Je sais que c'est ne donner guère,
Mais ceux que la nature a formés comme nous,
D'un limon moins grossier que le limon vulgaire,
Trouvent des charmes aussi doux
Dans les souhaits d'un cœur sincère,
Que dans les plus riches bijoux.

Ce n'est ni du savoir, ni de l'esprit solide,
Ni de la piété qu'il faut vous souhaiter,
Vous en avez assez, Abbé, pour en prêter.
Est-ce une conduite rigide ?
Est-ce une probité sur quoi pouvoir compter ?
Encor moins ; votre cœur jamais ne vous expose
Aux dérèglements, aux noirceurs
Que la faiblesse humaine cause.

Et sur le mérite, et les mœurs
On pourrait défier les plus fins connaisseurs
De vous souhaiter quelque chose.

Tout ce qu'une femme résout,
Arrive, bien ou mal, comme il est dans sa tête.
Je veux par des souhaits célébrer votre fête,
Et j'en trouve un à faire enfin selon mon goût.
Je ne sais s'il sera du vôtre.
Abbé, le voici sans façon.
Saint Louis est votre Patron ;
Louis le Grand en est un autre,
Au gré de bien des gens pour le moins aussi bon.
Que pour vous faire un sort qui soit digne d'envie,
Leurs soins à votre égard se partagent ainsi.
Que l'un, lorsqu'à cent ans vous sortirez d'ici,
Vous procure les biens de l'éternelle Vie,
Et que l'autre vous rende heureux en celle-ci.

V. PENSER ET COMBATTRE

LXXV
IMITATION DE LUCRÈCE
en Galimatias fait exprès[1]

Déesse en volupté féconde,
Toi dont le nom est révéré,
Toi dont l'abîme est désiré,
De tous les habitants de l'un et l'autre monde ;
Je t'invoque fille de l'onde,
Vénus[2] ! Sers de port assuré,
À ce qu'une étude profonde,
M'a, sur d'immenses faits, pour toi seule inspiré.

Conduis ma voix, belle Déesse,
Pour chanter sur ma lyre en termes simples, et clairs[3]
L'immersion que fait ta secourable adresse,
J'ai passé quelques nuits à composer ces vers.
Quand de la machine des airs,
L'esprit a pénétré la mobile sagesse,
Et que de ce suc dont la Grèce
A longtemps nourri l'Univers,
On s'est fait un objet semblable à chaque espèce,
On peut de tes regards soutenir les éclairs.

L'ordre d'une cause excentrique,
Fait par d'invisibles ressorts,
Entrer en forme dans les corps,
Tout le Pathos Académique ;
Les sens par une route oblique,
Ouverte seulement alors,
Roulent une vertu première et spécifique,
Dont rien, grâces à toi, ne rompra les accords.

Aussitôt des esprits fixes et végétables,
Les mouvements fuligineux,
Rendent les désirs transpirables,
Et ces sources intarissables,
Où la nature puise et sa force et ses feux,
En d'autres sources transmuables,
Rendent à jamais inflammables,
Tous les principes limoneux[4].
Ces atomes conjoints avecque la lumière,
Par leur extrême fluidité,
Sont toujours en société,
Avec l'essence régulière,
Et dans un tourbillon de subtile matière,
Répandant à grands flots leur inégalité,
De tout le genre humain sont l'heureuse minière[5],
Dont monte à l'infini la multiplicité.

Plus on regarde, plus on fouille,
Dans le chaos du vrai, d'où circule en tous sens,
Les individus innocents,
Et plus de la raison l'organe se dérouille ;
Les faits l'un de l'autre naissants,
Font que dans ce système aisément on débrouille

Tous les êtres obéissants,
Et que d'une enveloppe enfin on les dépouille.

Charmante mère des amours,
Vénus après l'excès où je porte ta gloire,
Est-il quelqu'un qui puisse croire,
Que rien se fasse ici sans ton divin secours ?
De cette physique victoire,
Rien ne puisse arrêter le cours !
Et puisse dans ces vers en durer la mémoire
Jusqu'au renversement de la sphère des jours.

LXXVI
LES MOUTONS
Idylle[1]

1 Hélas, petits Moutons[2], que vous êtes heureux !
Vous paissez dans nos champs sans souci, sans alarmes,
Aussitôt aimés qu'amoureux.
On ne vous force point à répandre des larmes ;
Vous ne formez jamais d'inutiles désirs[3],
Dans vos tranquilles cœurs l'amour suit la nature,
Sans ressentir ses maux vous avez ses plaisirs,
L'ambition, l'honneur, l'intérêt, l'imposture,
Qui font tant de maux parmi nous,
Ne se rencontrent point chez vous.
Cependant nous avons la raison pour partage,
Et vous en ignorez l'usage.
Innocents animaux, n'en soyez point jaloux,
Ce n'est pas un grand avantage

Cette fière raison dont on fait tant de bruit,
Contre les passions n'est pas un sûr remède.
Un peu de vin la trouble, un enfant la séduit,
Et déchirer un cœur qui l'appelle à son aide,
Est tout l'effet qu'elle produit.
Toujours impuissante et sévère,
Elle s'oppose à tout, et ne surmonte rien.
Sous la garde de votre chien
Vous devez beaucoup moins redouter la colère
Des Loups cruels et ravissants,
Que sous l'autorité d'une telle chimère
Nous ne devons craindre nos sens.
Ne vaudrait-il pas mieux vivre comme vous faites
Dans une douce oisiveté ?
Ne vaudrait-il pas mieux être comme vous êtes
Dans une heureuse obscurité,
Que d'avoir sans tranquillité
Des richesses, de la naissance,
De l'esprit et de la beauté ?
Ces prétendus trésors dont on fait vanité
Valent moins que votre indolence.
Ils nous livrent sans cesse à des soins criminels :
Par eux plus d'un remords nous ronge.
Nous voulons les rendre éternels,
Sans songer qu'eux et nous passerons comme un Songe.
Il n'est dans ce vaste Univers
Rien d'assuré, rien de solide[4],
Des choses d'ici-bas la Fortune décide
Selon ses caprices divers.
Tout l'effort de notre prudence
Ne peut nous dérober au moindre de ses coups.

Paissez moutons, paissez sans règle, sans science :
Malgré la trompeuse apparence,
Vous êtes plus heureux et plus sages que nous.

LXXVII
LES FLEURS
Idylle[1]

Que votre éclat est peu durable,
Charmantes fleurs, honneur de nos Jardins !
Souvent un jour commence et finit vos destins,
Et le sort le plus favorable
Ne vous laisse briller que deux ou trois matins.
Ah, consolez-vous-en, Joncquilles, Tubéreuses :
Vous vivez peu de jours, mais vous vivez heureuses !
Les médisants ni les jaloux
Ne gênent point l'innocente tendresse
Que le Printemps fait naître entre Zéphyr[2] et vous.
Jamais trop de délicatesse
Ne mêle d'amertume à vos plus doux plaisirs.
Que pour d'autres que vous il pousse des soupirs,
Que loin de vous il folâtre sans cesse,
Vous ne ressentez point la mortelle tristesse
Qui dévore les tendres cœurs,
Lorsque plein d'une ardeur extrême
On voit l'ingrat objet qu'on aime,
Manquer d'empressement, ou s'engager ailleurs.
Pour plaire vous n'avez seulement qu'à paraître :
Plus heureuses que nous[3], ce n'est que le trépas
Qui vous fait perdre vos appas.

Plus heureuses que nous, vous mourez pour renaître.
Tristes réflexions, inutiles souhaits,
Quand une fois nous cessons d'être,
Aimables fleurs, c'est pour jamais !
Un redoutable instant nous détruit sans réserve :
On ne voit au-delà qu'un obscur avenir ;
À peine de nos noms un léger souvenir
Parmi les hommes se conserve :
Nous rentrons pour toujours dans le profond repos
D'où nous a tirés la nature,
Dans cette affreuse nuit qui confond les héros
Avec le lâche et le parjure,
Et dont de fiers destins par de cruelles lois
Ne laissent sortir qu'une fois.
Mais, hélas ! pour vouloir revivre[4]
La vie est-elle un bien si doux ?
Quand nous l'aimons tant, songeons-nous
De combien de chagrins sa perte nous délivre ?
Elle n'est qu'un amas de craintes, de douleurs[5],
De travaux, de soucis, de peines.
Pour qui connaît les misères humaines,
Mourir n'est pas le plus grand des malheurs !
Cependant, agréables fleurs,
Par des liens honteux attachés à la vie,
Elle fait seule tous nos soins,
Et nous ne vous portons envie
Que par où l'on devrait vous envier le moins.

LXXVIII
LES OISEAUX
Idylle[1]

L'air n'est plus obscurci par des brouillards épais,
Les Prés font éclater les couleurs les plus vives,
Et dans leurs humides palais
L'hiver ne retient plus les Naïades captives.
Les Bergers accordant leur musette[2] à leur voix,
D'un pied léger foulent l'herbe naissante :
Les troupeaux ne sont plus sous leurs rustiques toits.
Mille et mille oiseaux à la fois
Ranimant leur voix languissante,
Réveillent les Échos endormis dans ces bois.
Où brillaient les glaçons, on voit naître les roses[3] :
Quel Dieu chasse l'horreur qui régnait dans ces lieux ?
Quel Dieu les embellit ? le plus petit des Dieux[4]
Fait seul tant de métamorphoses,
Il fournit au Printemps tout ce qu'il a d'appas.
Si l'amour ne s'en mêlait pas,
On verrait périr toutes choses.
Il est l'âme de l'Univers[5],
Comme il triomphe des hivers
Qui désolent nos champs par une rude guerre,
D'un cœur indifférent il bannit les froideurs.
L'indifférence est pour les cœurs,
Ce que l'hiver est pour la terre,
Que nous servent, hélas, de si douces leçons !
Tous les ans la nature en vain les renouvelle ;
Loin de la croire, à peine nous naissons,

Qu'on nous apprend à combattre contre elle[6].
Nous aimons mieux par un bizarre choix,
Ingrats, esclaves, que nous sommes,
Suivre ce qu'inventa le caprice des hommes,
Que d'obéir à nos premières lois[7].
Que votre sort est différent du nôtre,
Petits oiseaux qui me charmez,
Voulez-vous aimer ? vous aimez :
Un lieu vous déplaît-il, vous passez dans un autre.
On ne connaît chez vous ni vertus, ni défauts :
Vous paraissez toujours sous le même plumage,
Et jamais dans les Bois on n'a vu les Corbeaux
Des Rossignols emprunter le ramage :
Il n'est de sincère langage,
Il n'est de liberté que chez les Animaux.
L'usage, le devoir, l'austère bienséance,
Tout exige de nous des droits dont je me plains ;
Et tout enfin, du cœur des perfides humains
Ne laisse voir que l'apparence.
Contre nos trahisons la nature en courroux,
Ne nous donne plus rien sans peine ;
Nous cultivons les Vergers, et la Plaine,
Tandis, petits oiseaux, qu'elle fait tout pour vous.
Les filets qu'on vous tend sont la seule infortune
Que vous avez à redouter :
Cette crainte nous est commune.
Sur notre liberté chacun veut attenter :
Par des dehors trompeurs on tâche à nous surprendre.
Hélas, pauvres petits oiseaux,
Des ruses du chasseur songez à vous défendre !
Vivre dans la contrainte est le plus grand des maux.

LXXIX
LE RUISSEAU
Idylle[1]

Ruisseau, nous paraissons avoir un même sort,
D'un cours précipité nous allons l'un et l'autre,
Vous à la mer, nous à la mort ;
Mais, hélas, que d'ailleurs je vois peu de rapport
Entre votre course et la nôtre !
Vous vous abandonnez sans remords, sans terreur,
À votre pente naturelle ;
Point de Loi[2] parmi vous ne la rend criminelle.
La vieillesse[3] chez vous n'a rien qui fasse horreur.
Près de la fin de votre course
Vous êtes plus fort et plus beau
Que vous n'êtes à votre source,
Vous retrouvez toujours quelque agrément nouveau.
Si de ces paisibles Bocages
La fraîcheur de vos eaux augmente les appas,
Votre bienfait ne se perd pas,
Par de délicieux ombrages
Ils embellissent vos rivages.
Sur un sable brillant, entre des prés fleuris,
Coule votre onde toujours pure,
Mille et mille poissons dans votre sein nourris
Ne vous attirent point de chagrins, de mépris :
Avec tant de bonheur d'où vient votre murmure ?
Hélas, votre sort est si doux !
Taisez-vous ruisseau, c'est à nous
À nous plaindre de la nature.

De tant de passions[4] que nourrit notre cœur,
Apprenez qu'il n'en est pas une
Qui ne traîne après soi le trouble, la douleur,
Le repentir, ou l'infortune.
Elles déchirent nuit et jour
Les cœurs dont elles sont maîtresses.
Mais de ces fatales faiblesses
La plus à craindre, c'est l'amour,
Ses douceurs mêmes sont cruelles.
Elles font cependant l'objet de tous les vœux,
Tous les autres plaisirs ne touchent point sans elles ;
Mais des plus forts liens le temps use les nœuds,
Et le cœur le plus amoureux
Devient tranquille, ou passe à des amours nouvelles.
Ruisseau que vous êtes heureux !
Il n'est point parmi vous de ruisseaux infidèles !
Lorsque les ordres absolus
De l'Être indépendant qui gouverne le monde,
Font qu'un autre ruisseau se mêle avec votre onde :
Quand vous êtes unis, vous ne vous quittez plus.
À ce que vous voulez jamais il ne s'oppose.
Dans votre sein il cherche à s'abîmer :
Vous et lui jusques à la mer
Vous n'êtes qu'une même chose.
De toutes sortes d'unions
Que notre vie est éloignée !
De trahisons, d'horreurs et de dissensions
Elle est toujours accompagnée.
Qu'avez-vous mérité ruisseau tranquille et doux,
Pour être mieux traité que nous ?
Qu'on ne me vante point ces biens imaginaires,
Ces prérogatives, ces droits,

Qu'inventa notre orgueil pour masquer nos misères :
C'est lui seul qui nous dit que par un juste choix
Le Ciel mit, en formant les hommes,
Les autres êtres sous leurs lois.
À ne nous point flatter, nous sommes
Leurs tyrans plutôt que leurs rois.
Pourquoi vous mettre à la torture,
Pourquoi vous renfermer dans cent canaux divers ?
Et pourquoi renverser l'ordre de la nature,
En vous forçant à jaillir dans les airs ?
Si tout doit obéir à nos ordres suprêmes,
Si tout est fait pour nous, s'il ne faut que vouloir,
Que n'employons-nous mieux ce souverain pouvoir,
Que ne régnons-nous sur nous-mêmes ?
Mais hélas ! de ses sens esclave malheureux,
L'Homme ose se dire le maître
Des animaux, qui sont peut-être
Plus libres qu'il ne l'est, plus doux, plus généreux,
Et dont la faiblesse a fait naître
Cet empire insolent qu'il usurpe sur eux.
Mais que fais-je ! où va me conduire
La pitié des rigueurs dont contre eux nous usons ?
Ai-je quelque espoir de détruire
Des erreurs où nous nous plaisons ?
Non, pour l'orgueil et pour les injustices
Le cœur humain semble être fait.
Tandis qu'on se pardonne aisément tous les vices,
On n'en peut souffrir le portrait.
Hélas ! on n'a plus rien à craindre !
Les vices n'ont plus de censeurs ;
Le monde n'est rempli que de lâches flatteurs :
Savoir vivre, c'est savoir feindre.

Ruisseau ce n'est plus que chez vous
Qu'on trouve encor de la franchise :
On y voit la laideur ou la beauté qu'en nous
La bizarre nature a mise,
Aucun défaut ne s'y déguise ;
Aux Rois comme aux Bergers vous les reprochez tous :
Aussi ne consulte-t-on guère
De vos tranquilles eaux le fidèle cristal[5].
On évite de même un ami trop sincère.
Ce déplorable goût est le goût général.
Les leçons font rougir, personne ne les souffre,
Le fourbe veut paraître homme de probité ;
Enfin dans cet horrible gouffre
De misère et de vanité,
Je me perds ; et plus j'envisage
La faiblesse de l'Homme et sa malignité,
Et moins de la divinité
En lui je reconnais l'image.
Courez ruisseau, courez, fuyez-nous, reportez
Vos ondes dans le sein des Mers dont vous sortez,
Tandis que pour remplir la dure destinée
Où nous sommes assujettis,
Nous irons reporter la vie infortunée
Que le hasard nous a donnée,
Dans le sein du néant d'où nous sommes sortis.

LXXX
RÉFLEXIONS DIVERSES[1]

I

Que l'homme connaît peu la mort qu'il appréhende,
Quand il dit qu'elle le surprend !
Elle naît avec lui : sans cesse lui demande
Un tribut dont en vain son orgueil se défend.
Il commence à mourir longtemps avant qu'il meure :
Il périt en détail imperceptiblement.
Le nom de mort qu'on donne à notre dernière heure
N'en est que l'accomplissement[2].

II

Êtres inanimés, rebuts de la nature,
Ah ! que vous faites d'envieux !
Le temps loin de vous faire injure
Ne vous rend que plus précieux.
On cherche avec ardeur une Médaille antique :
D'un Buste, d'un Tableau le temps hausse le prix,
Le voyageur[3] s'arrête à voir l'affreux débris
D'un Cirque, d'un Tombeau, d'un Temple magnifique,
Et pour notre vieillesse on n'a que du mépris !

III

De ce sublime esprit dont ton orgueil se pique,
Homme, quel usage fais-tu ?
Des plantes, des métaux, tu connais la vertu,
Des différents pays les mœurs, la politique,
La cause des frimas, de la foudre, du vent,

Des Astres le pouvoir suprême :
Et sur tant de choses savant
Tu ne te connais pas toi-même[4] !

IV

La pauvreté[5] fait peur, mais elle a ses plaisirs.
Je sais bien qu'elle éloigne aussitôt qu'elle arrive,
La volupté, l'éclat, et cette foule oisive
Dont les jeux, les festins remplissent les désirs.
Cependant, quoi qu'elle ait de honteux et de rude
Pour ceux qu'à des revers la fortune a soumis,
Au moins dans leurs malheurs ont-ils la certitude
De n'avoir que de vrais amis[6].

V

Pourquoi s'applaudir d'être belle ?
Quelle erreur fait compter la beauté pour un bien ?
À l'examiner il n'est rien
Qui cause tant de chagrins qu'elle.
Je sais que sur les cœurs ses droits sont absolus,
Que tant qu'on est belle on fait naître
Des désirs, des transports et des soins assidus :
Mais on a peu de temps à l'être,
Et longtemps à ne l'être plus[7].

VI

Misérable jouet de l'aveugle fortune,
Victime des maux et des lois,
Homme, toi qui par mille endroits
Dois trouver la vie importune,
D'où vient que de la mort tu crains tant le pouvoir ?

Lâche, regarde-la sans changer de visage,
Songe que si c'est un outrage[8],
C'est le dernier à recevoir.

VII

Que chacun parle bien de la reconnaissance :
Et que peu de gens en font voir !
D'un service attendu la flatteuse espérance
Fait porter dans l'excès les soins, la complaisance,
À peine est-il rendu qu'on cesse d'en avoir :
De qui nous a servi la vue est importune ;
On trouve honteux de devoir
Les secours que dans l'infortune
On n'avait point trouvé honteux de recevoir.

VIII

Quel poison pour l'esprit sont les fausses louanges[9] :
Heureux qui ne croit point à de flatteurs discours !
Penser trop bien de soi fait tomber tous les jours
En des égarements étranges.
L'Amour-propre est, hélas, le plus sot des Amours !
Cependant, des erreurs il est la plus commune.
Quelque puissant qu'on soit en richesse, en crédit ;
Quelque mauvais succès qu'ait tout ce qu'on écrit,
Nul n'est content de sa fortune,
Ni mécontent de son esprit[10].

IX

On croit être devenu sage,
Quand après avoir vu plus de cinquante fois
Tomber le renaissant feuillage,
On quitte des plaisirs le dangereux usage :
On s'abuse. D'un libre choix

Un tel retour n'est point l'ouvrage ;
Et ce n'est que l'orgueil dont l'homme est revêtu,
Qui tirant de tout avantage,
Donne au secours de la vertu
Ce qu'on doit au secours de l'âge.

X

En grandeur de courage on ne se connaît guère,
Quand on élève au rang des hommes généreux
Ces Grecs et ces Romains dont la mort volontaire
A rendu les noms si fameux.
Qu'ont-ils fait de si grand ? Ils sortaient de la vie
Lorsque de disgrâces suivie
Elle n'avait plus rien d'agréable pour eux.
Par une seule mort ils s'en épargnaient mille :
Qu'elle est douce à des cœurs lassés de soupirer !
Il est plus grand, plus difficile,
De souffrir le malheur que de s'en délivrer.

XI

L'encens qu'on donne à la prudence
Met mon esprit au désespoir.
À quoi donc nous sert-elle ? À faire voir d'avance
Les maux que nous devons avoir.
Est-ce un bonheur de les prévoir ?
Si la cruelle avait quelque règle certaine
Qui pût les écarter de nous,
Je trouverais les soins qu'elle donne assez doux :
Mais rien n'est si trompeur que la prudence humaine.
Hélas ! presque toujours le détour qu'elle prend
Pour nous faire éviter un malheur qu'elle attend,
Est le chemin qui nous y mène.

XII

Palais, nous durons moins que vous !
Quoique des Éléments vous souteniez la guerre,
Et quoique du sein de la terre
Nous soyons tirés comme vous,
Frêles machines que nous sommes,
À peine passons-nous d'un siècle le milieu !
Un rien peut nous détruire ; et l'ouvrage d'un Dieu
Dure moins que celui des hommes[11] !

XIII

Homme, vante moins ta raison[12] ;
Vois l'inutilité de ce présent céleste
Pour qui tu dois, dit-on, mépriser tout le reste.
Aussi faible que toi, dans ta jeune saison,
Elle est chancelante, imbécile.
Dans l'âge où tout t'appelle à des plaisirs divers,
Vile esclave des sens, elle t'est inutile,
Quand le sort t'a laissé compter cinquante hivers,
Elle n'est qu'en chagrins fertile,
Et quand tu vieillis, tu la perds.

XIV

Les plaisirs sont amers d'abord[13] qu'on en abuse :
Il est bon de jouer un peu,
Mais il faut seulement que le jeu nous amuse.
Un joueur, d'un commun aveu,
N'a rien d'humain que l'apparence,
Et d'ailleurs il n'est pas si facile qu'on pense
D'être fort honnête homme et de jouer gros jeu.
Le désir de gagner qui nuit et jour occupe

Est un dangereux aiguillon.
Souvent, quoique l'esprit, quoique le cœur soit bon,
On commence par être dupe,
On finit par être fripon.

XV

Souvent c'est moins bon goût que pure vanité,
Qui fait qu'on ne veut voir que des gens de mérite :
On croirait faire tort à sa capacité,
Si du monde vulgaire on recevait visite.
Cependant, un esprit solide, éclairé, droit,
Du commerce des sots sait faire un bon usage.
Il les examine, il les voit,
Comme on fait un mauvais ouvrage.
Des défauts qu'il y trouve il cherche à profiter :
Il n'est guère moins nécessaire
De voir ce qu'il faut éviter,
Que de savoir ce qu'il faut faire.

XVI

Qui dans son cabinet a passé ses beaux jours
À pâlir sur Pindare, Homère, Horace, Plaute,
Devrait y demeurer toujours.
S'il entre dans le monde avec un tel secours,
Il y fera faute sur faute,
Il portera partout l'ennui.
Un ignorant qui n'a pour lui
Qu'un certain savoir-vivre, un esprit agréable,
À la honte du Grec et du Latin fait voir
Combien doit être préférable
L'usage du monde au savoir.

XVII

Que l'esprit de l'homme est borné !
Quelque temps qu'il donne à l'étude,
Quelque pénétrant qu'il soit né,
Il ne sait rien à fond, rien avec certitude :
De ténèbres pour lui tout est environné ;
La lumière qui vient du savoir le plus rare
N'est qu'un fatal éclair, qu'un ardent[14] qui l'égare,
Bien plus que l'ignorance elle est à redouter.
Longues erreurs qu'elle a fait naître,
Vous ne prouvez que trop que chercher à connaître
N'est souvent qu'apprendre à douter.

LXXXI

L'HIVER.

Idylle

À MONSIEUR LUCAS[1]

L'hiver suivi des vents, des frimas, des orages,
De ces aimables lieux trouble l'heureuse paix ;
Il a déjà ravi par de cruels outrages
Ce que la Terre avait d'attraits.
Quelles douloureuses images
Le désordre qu'il fait imprime dans l'esprit !
Hélas, ces prés sans fleurs, ces arbres sans feuillages,
Ces ruisseaux glacés, tout nous dit,
Le temps fera chez vous de semblables ravages !
Comme la Terre nous gardons

Jusques au milieu de l'Automne
Quelques-uns des appâts que le Printemps nous donne :
L'Hiver vient-il, nous les perdons.
Pouvoir, trésors, grandeurs, n'en exemptent personne ;
On se déguise en vain ces tristes vérités ;
Les terreurs, les infirmités,
De la froide vieillesse ordinaires compagnes,
Font sur nous ce que font les Autans irrités,
Et la neige sur les campagnes.
Encor, si comme les Hivers
Dépouillent les forêts de leurs feuillages verts,
L'âge nous dépouillait des passions cruelles,
Plus fortes à dompter que ne le sont les flots,
Nous goûterions un doux repos
Qu'on ne peut trouver avec elles.
Mais nous avons beau voir détruire par le temps
La plus forte santé, les plus vifs agréments,
Nous conservons toujours nos premières faiblesses.
L'ambitieux courbé sous le fardeau des ans,
De la fortune encor écoute les promesses ;
L'avare en expirant regrette moins le jour
Que ses inutiles richesses ;
Et qui jeune a donné tout son temps à l'amour,
Un pied dans le tombeau veut encor des maîtresses.
Il reste dans l'esprit un goût pour les plaisirs,
Presqu'aussi dangereux que leur plus doux usage.
Pour être heureux, pour être sage
Il faut savoir donner un frein à ses désirs[2].
Mieux qu'un autre, sage Timandre,
De cet illustre effort vous connaissez le prix,
Vous, en qui la nature a joint une âme tendre
Avec un des plus beaux esprits ;

Vous qui dans la saison des grâces et des ris,
Loin d'éviter l'amour faisiez gloire d'en prendre,
Et qui par effort de raison
Fuyez de ses plaisirs la folle inquiétude
Avant que l'arrière-saison
Vous ait fait ressentir tout ce qu'elle a de rude.

LXXXII
LA SOLITUDE
Idylle[1]

Charmante et paisible retraite,
Que de votre douceur je connais bien le prix !
Et que je conçois de mépris
Pour les vains embarras dont je me suis défaite !
Que sous ces chênes verts[2] je passe d'heureux jours !
Dans ces lieux écartés que la nature est belle !
Rien ne la défigure ; elle y garde toujours
La même autorité, qu'avant qu'on eût contre elle
Imaginé des Lois l'inutile secours[3].
Ici, le Cerf, l'Agneau, le Paon, la Tourterelle,
Pour la possession d'un champ ou d'un verger,
N'ont point ensemble de querelle,
Nul bien ne leur est étranger.
Nul n'exerce sur l'autre un pouvoir tyrannique,
Ils ne se doivent point de respects ni de soins,
Ce n'est que par les nœuds de l'amour qu'ils sont joints[4],
Et d'Aïeuls éclatants pas un d'eux ne se pique.
Hélas ! pourquoi faut-il qu'à ces sauvages lieux
Soient réservés des biens si doux, si précieux ?

Pourquoi n'y voit-on point d'Avare, de parjure ?
N'est-ce point qu'entre vous tranquilles Animaux,
Tous les biens sont communs, tous les rangs sont égaux
Et que vous ne suivez que la seule nature ?
Elle est sage chez vous qui n'êtes point contraints
Par une loi bizarre et dure.
Quelle erreur a pu faire appeler les humains,
Le chef-d'œuvre accompli de ses savantes mains !
Que pour se détromper de ses fausses chimères
Qui nous rendent si fiers, si vains,
On vienne méditer dans ces lieux solitaires.
Avec étonnement j'y vois
Que le plus petit des Reptiles,
Cent fois plus habile que moi,
Trouve pour tous ses maux des remèdes utiles !
Qui de nous dans le temps de la prospérité
À l'active Fourmi ressemble ?
À voir sa prévoyance il semble
Qu'elle ait de l'avenir percé l'obscurité ;
Et qu'étant au-dessus de la faiblesse humaine,
Elle ne fasse point de cas
De tout ce qu'étale d'appas
La volupté qui nous entraîne.
Quels États sont mieux policés
Que l'est une Ruche d'Abeilles[5] ?
C'est là que les abus ne se sont point glissés,
Et que les volontés en tout temps sont pareilles.
De leur Roi qui les aime elles sont le soutien,
On sent leur aiguillon dès qu'on cherche à lui nuire ;
Pour les châtier il n'a rien.
Il n'est Roi que pour les conduire,
Et que pour leur faire du bien.

En vain notre orgueil nous engage
À ravaler l'instinct qui dans chaque saison
À la honte de la raison,
Pour tous les Animaux est un guide si sage.
Ah ! n'avons-nous pas dû nous dire mille fois,
En les voyant être heureux sans richesse,
Habiles sans étude, équitables sans lois,
Qu'ils possèdent seuls la sagesse,
Il n'en est presque point dont l'homme n'ait reçu
Des Leçons qui l'ont fait rougir de sa faiblesse,
Et quoiqu'il s'applaudisse il doit à leur adresse
Plus d'un Art que sans eux il n'aurait jamais su.
Innocents animaux, quelle reconnaissance
Avons-nous de tant de bienfaits ?
Des présents de la terre hélas ! peu satisfaits
Nous vous sacrifions à notre intempérance :
Quelle inhumanité, quelle lâche fureur,
Il n'est point d'Animal dont l'homme n'adoucisse
La brutale et farouche humeur,
Et de l'homme il n'est point d'Animal qui fléchisse
Le cruel et superbe cœur.
De quel droit, de quel front, est-ce que l'on compare
Ceux à qui la nature a fait un cœur barbare,
Aux Ours, aux Sangliers, aux Loups ?
Ils sont moins barbares que nous.
Font-ils éprouver leur colère,
Que lorsque d'un chasseur avide et téméraire
Le fer ennemi les atteint,
Ou que lorsque la faim les presse et les contraint
De chercher à la satisfaire ?
Vaste et sombre forêt leur séjour ordinaire,
N'est-ce en vous traversant que leur rage qu'on craint ?

Hélas, combien de fois cette nuit infidèle
Que vous offrez contre l'ardeur,
Dont au milieu du jour le Soleil étincelle,
A-t-elle été fatale à la jeune pudeur ?
Hélas, combien de fois complice
Et de meurtres et de larcins
A-t-elle dérobé de Brigands, d'Assassins,
Et d'autres Scélérats aux yeux de la Justice ?
Combien avez-vous vu de fois
Le frère armé contre le frère,
Faire taire du sang la forte et tendre voix,
Et dans l'héritage d'un père,
Par le crime acquérir de légitimes droits ?
Parlez, forêt, jadis une de vos semblables,
Daigna plus d'une fois répondre à des mortels[6] :
Quelles fureurs aussi coupables
Pouvons-nous reprocher à vos hôtes cruels ?
Si quelquefois entr'eux une rage soudaine
Les porte à s'arracher le jour,
Ce n'est point l'intérêt, l'ambition, la haine
Qui les anime ; c'est l'amour.
Lui seul leur fait troubler votre sacré silence,
Amoureux, rivaux et jaloux,
Leur cœur ne peut souffrir la moindre préférence,
La mort leur semble un sort plus doux.
D'une si belle excuse au dur siècle où nous sommes,
On ne peut déguiser les maux que nous faisons.
Non, des meurtres sanglants, des noires trahisons
L'amour ne fournit plus aux hommes
Les violents conseils ni les tendres raisons.

LXXXIII
ODE
A.M.L.D.D.L.R[1]

Quel spectacle offre à ma vue
L'état où vous paraissez ?
Ah, que mon âme est émue,
Et que vous m'attendrissez !
Mais d'où vient ce dur silence ?
Pourquoi porter la constance
Jusqu'à ne point soupirer ?
Victime d'un fol usage,
Vous croyez que le vrai sage
Doit souffrir sans murmurer ?

On règne sur la nature
Avec assez de succès,
Quand on fait que le murmure
Ne va point jusqu'à l'excès.
Je ris de ce fier Stoïque,
Qui dans les tourments se pique
D'avoir un visage égal,
Qui tandis qu'il en soupire,
A l'audace de nous dire,
La douleur n'est point un mal.

Je sens que de la machine
Les invisibles ressorts,
Bien que l'âme soit divine,
L'unissent avec le corps[2].

A-t-elle quelque amertume ?
Le corps s'abat, se consume,
Et partage son ennui.
Aux douleurs est-il en proie ?
L'âme ne sent plus de joie,
Et s'affaiblit avec lui.

Tels, dans les transports qu'inspire
Cette agréable saison
Où le cœur à son empire
Assujettit la raison :
Tels, dis-je, dans la jeunesse
Pleins d'une vive tendresse
On voit deux parfaits amants
Que la sympathie assemble,
Faire et partager ensemble
Leurs plaisirs et leurs tourments.

Damon, dans tout ce qu'on nomme
Vulgairement un malheur,
On s'abuse, il n'est pour l'homme
De vrai mal que la douleur.
L'exil, l'obscure naissance,
La servile dépendance,
Le mépris, l'oppression,
La pauvreté qu'on déteste,
Le trépas, et tout le reste
Sont des maux d'opinion.

Dans l'heureux siècle où sans guide
On laissait aller les mœurs,
L'homme n'était point avide

De richesse ni d'honneurs :
Il vivait de fruits sauvages,
Dormait sous les frais ombrages,
Buvait dans un clair ruisseau ;
Sans bien, sans rang, sans envie ;
Comme il entrait à la vie
Il entrait dans le tombeau.

Ce penchant pour les délices,
Qui nous suit jusqu'au cercueil,
Est ainsi que tous les vices
L'ouvrage de notre orgueil.
Dans une douce retraite
Qu'avec plaisir il s'est faite,
Le sage est heureux sans bien ;
De quoi pourrait-il se plaindre,
Lui qui ne voit rien à craindre,
Et qui ne désire rien ?

Que sur lui la foudre gronde,
Que les fougueux Aquilons
Sous sa nef ouvrent de l'onde
Les gouffres les plus profonds :
Qu'un tranchant acier s'apprête
À faire tomber sa tête,
Rien ne le peut émouvoir.
Il est toujours impassible
Sous quelque forme terrible
Que la mort se fasse voir.

Mais qu'intrépide il affronte,
Tant qu'il voudra cet instant,

Qui n'est rien ; et qu'à leur honte
Tous les hommes craignent tant.
Une douleur qui ne cède
Au temps non plus qu'au remède
Triomphe de son repos.
Il soupire en ce rencontre[3],
Et malgré sa force il montre
L'homme à travers le Héros[4].

Vous qui marchez sur ses traces,
Vous que les Cieux ennemis
À de si longues disgrâces
Ont injustement soumis,
Quittez ces dures contraintes ;
Adoucissez par des plaintes
De vos maux la cruauté :
Songez qu'insensible aux vôtres,
On vous croira pour les autres
Peu de sensibilité.

Pour le divorce qu'amènent
Ces contrastes douloureux
Où les éléments reprennent
Tout ce qu'on a reçu d'eux,
Réservez ce front tranquille :
C'est là qu'il est inutile
De se plaindre de ses maux ;
C'est là que l'orgueil succombe ;
C'est là que le masque tombe
Qui couvrait tous nos défauts.

Oui, soyez alors plus ferme
Que ces vulgaires humains,
Qui près de leur dernier terme
De vaines terreurs sont pleins.
En sage que rien n'offense
Livrez-vous sans résistance
À d'inévitables traits,
Et d'une démarche égale
Passez cette onde fatale
Qu'on ne repasse jamais.

Tout ce qu'on a vu de sages
Aux plus renommés climats,
Ont cherché dans tous les âges
Ce que c'est que le trépas.
En vain ces esprits sublimes
Sondent de profonds abîmes
Pour nous en entretenir.
Pas un seul dans leur grand nombre
N'a pu percer la nuit sombre
Qui nous cache l'avenir.

Plein d'une austère sagesse
L'un fait de savants efforts
Pour établir que sans cesse
Les âmes changent de corps.
L'autre osant donner atteinte
À la salutaire crainte
Qu'on a du divin courroux,
Nous assure que la vie
De rien ne sera suivie,
Et que tout meurt avec nous.

Le plus fort de ces grands maîtres[5]
Se sert de tout son esprit
À soutenir que des êtres
La seule forme périt,
Que le corps se décompose,
Qu'il se fait de chaque chose
Des arrangements divers ;
Et que toujours la matière
Infinie, active, entière
Circule dans l'Univers.

D'autres croient qu'au Tartare
Et qu'aux champs Élyséens[6]
Un juste Arrêt nous prépare
De grands maux, ou de grands biens.
Mais quand notre âme éclairée
Ne serait pas assurée
Que c'est là le bon parti,
L'amour-propre[7] ferait suivre
Une loi qui nous délivre
Du sort d'être anéanti.

D'autres… Mais à quoi m'engage
Le soin de vous consoler ?
Il est un certain langage
Que je ne dois point parler.
Par une aveugle manie
On borne notre génie
À suivre un triste devoir.
On veut qu'aux erreurs sujettes

La nature nous ait faites
Pour plaire, et non pour savoir[8].

Finissons donc un ouvrage
Écrit pour vous seulement,
Pour vous Damon, de notre âge
La gloire et l'étonnement.
Pour vous sur qui l'éloquence
A répandu dès l'enfance
Ses trésors à pleines mains.
Pour vous de qui la sagesse
Passe celle dont la Grèce
Donna l'exemple aux Romains.

LXXXIV
RÉFLEXIONS MORALES SUR L'ENVIE IMMODÉRÉE DE FAIRE PASSER SON NOM À LA POSTÉRITÉ[1]

La savante CHÉRON[2] par son divin pinceau
Me redonne un éclat nouveau.
Elle force aujourd'hui les Grâces,
Dont mes cruels ennuis et mes longues douleurs,
Laissent sur mon visage à peine quelques traces,
D'y venir reprendre leurs places.
Elle me rend enfin mes premières couleurs.
Par son art la race future
Connaîtra les présents que me fit la nature,

Et je puis espérer qu'avec un tel secours,
Tandis que j'errerai sur les sombres rivages
Je pourrai faire encor quelque honneur à nos jours.
Oui, je puis m'en flatter, plaire et durer toujours
Est le destin de ses ouvrages.

Fol orgueil ! et du cœur Humain
Aveugle et fatale faiblesse !
Nous Maîtriserez-vous sans cesse,
Et n'aurons-nous jamais un généreux dédain
Pour tout ce qui s'oppose aux lois de la sagesse ?
Non ; l'amour-propre en nous est toujours le plus fort,
Et malgré les combats que la sagesse livre,
On croit se dérober en partie à la Mort
Quand dans quelque chose on peut vivre.

Cette agréable erreur est la source des soins
Qui dévorent le cœur des Hommes.
Loin de savoir jouir de l'état où nous sommes
C'est à quoi nous pensons le moins.
Une gloire frivole et jamais possédée,
Fait qu'en tous lieux, à tous moments,
L'avenir remplit notre idée.
Il est l'unique but de nos empressements.
Pour obtenir qu'un jour notre nom y parvienne,
Et pour nous l'assurer durable et glorieux,
Nous perdons le présent, ce temps si précieux,
Le seul bien qui nous appartienne,
Et qui tel qu'un éclair disparaît à nos yeux !
Au bonheur des Humains leurs chimères s'opposent.
Victimes de leur vanité,
Il n'est chagrin, travail, danger, adversité,

À quoi les mortels ne s'exposent
Pour transmettre leurs noms à la postérité !

À quel dessein, dans quelles vues,
Tant d'obélisques, de portraits,
D'Arcs, de Médailles, de Statues,
De Villes, de Tombeaux, de Temples, de Palais[3],
Par leur ordre ont-ils été faits ?
D'où vient que pour avoir un grand nom dans l'Histoire
Ils ont à pleines mains répandu les bienfaits,
Si ce n'est dans l'espoir de rendre leur mémoire
Illustre et durable à jamais ?

Il est vrai que ces espérances
Ont quelquefois servi de frein aux passions ;
Que par elles les lois, les beaux Arts, les Sciences,
Ont formé les esprits, poli les Nations,
Embelli l'Univers par des travaux immenses,
Et porté les Héros aux grandes actions.
Mais aussi combien d'impostures,
De Sacrilèges, d'attentats,
D'erreurs, de cruautés, de guerres, de parjures,
A produit le désir d'être après le trépas
L'entretien des races futures !
Deux chemins différents et presque aussi battus
Au Temple de Mémoire également conduisent.
Le nom de Pénélope et le nom de Titus
Avec ceux de Médée et de Néron s'y lisent.
Les grands crimes immortalisent
Autant que les grandes vertus.

Je sais que la gloire est trop belle
Pour ne pas inspirer de violents désirs.
La chercher, l'acquérir, et pouvoir jouir d'elle
Est le plus parfait des plaisirs.
Oui, ce bonheur pour l'Homme est le bonheur suprême,
Mais c'est là qu'il faut s'arrêter.
Tout charmé qu'il en est, à quelque point qu'il l'aime,
Il a peu de bon sens quand il va s'entêter
De la vanité de porter
Sa gloire au-delà de lui-même ;
Et quand toujours en proie à ce désir extrême
Il perd le temps de la goûter.

Encor si dans les champs que le Cocyte[4] arrose
Dépouillé de toute autre chose,
Il était permis d'espérer
De jouir de sa Renommée,
Je serais bien moins animée
Contre les soins qu'on prend pour la faire durer.
Mais quand nous descendons dans ces demeures sombres
La gloire ne suit point nos ombres,
Nous perdons pour jamais tout ce qu'elle a de doux.
Et quelque bruit que le mérite
La valeur, la beauté, puisse faire après nous,
Hélas ? on n'entend rien sur les bords du Cocyte !

Par où donc ces grands noms d'illustres, de fameux,
Après quoi les mortels courent toute leur vie
Avides de laisser un long souvenir d'eux,
Doivent-ils faire tant d'envie ?
Est-ce par intérêt pour d'indignes neveux
Qui seuls de ces grands noms jouissent ?

Qui ne les font valoir qu'en des discours pompeux,
Et qui toujours plongés dans un désordre affreux,
Par des lâchetés les flétrissent ?

De ces heureux Mortels qui n'ont point eu d'égaux
Tel est l'ordinaire partage.
Traitée par la nature avec moins d'avantage
Que la plupart des Animaux,
Leur Race dégénère, et l'on voit d'âge en âge
En elle s'effacer l'éclat de leurs travaux.
Des choses d'ici-bas c'est le vrai caractère ;
Il est rare qu'un Fils marche dans le sentier
Que suivait un illustre père.
Des mœurs comme des biens on n'est pas héritier,
Et d'exemple on ne s'instruit guère.

Tandis que le Soleil se lève encor pour nous,
Je conviens que rien n'est plus doux
Que de pouvoir sûrement croire,
Qu'après qu'un froid nuage aura couvert nos yeux
Rien de lâche, rien d'odieux,
Ne souillera notre mémoire ;
Que regrettés par nos amis
Dans leur cœur nous vivrons encore ;
Pour un tel avenir tous les soins sont permis.
C'est par cet endroit seul que l'amour-propre honore
Il faut laisser le reste entre les mains du sort ;
Quand le mérite est vrai, mille fameux exemples
Ont fait voir que le temps ne lui fait point de tort,
On refuse aux vivants des Temples
Qu'on leur élève après leur Mort.

Quoi, l'Homme, ce chef-d'œuvre à qui rien n'est semblable !
Quoi, l'Homme pour qui seul on forma l'Univers !
Lui, dont l'œil a percé le voile impénétrable
Dont les arrangements et les ressorts divers
De la nature sont couverts !
Lui, des Lois et des Arts l'inventeur admirable !
Aveugle pour lui seul ne peut-il discerner,
Quand il n'est question que de se gouverner,
Le faux bien du bien véritable ?

Vaine réflexion ! inutile discours !
L'Homme malgré votre secours
Du frivole avenir sera toujours la dupe,
Sur ses vrais interêts il craint de voir trop clair,
Et dans la vanité qui sans cesse l'occupe
Ce nouvel Ixion[5] n'embrasse que de l'air.
N'être plus qu'un peu de poussière
Blesse l'orgueil dont l'Homme est plein,
Il a beau faire voir un visage serein,
Et traiter de sang froid une telle matière.
Tout dément ses dehors, tout sert à nous prouver,
Que par un nom célèbre il cherche à se sauver
D'une destruction entière.

Mais d'où vient qu'aujourd'hui mon esprit est si vain ?
Que fais-je ! et de quel droit est-ce que je censure
Le goût de tout le genre humain,
Ce goût favori qui lui dure
Depuis qu'une immortelle main
Du ténébreux chaos a tiré la nature ?
Ai-je acquis dans le monde assez d'Autorité
Pour rendre mes raisons utiles,

Et pour détruire en lui ce fond de vanité
Qui ne lui peut laisser aucuns moments tranquilles ?
Non, mais un esprit d'équité
À combattre le faux incessamment m'attache,
Et fait qu'à tout hasard j'écris ce que m'arrache
La force de la vérité.

Hé comment pourrais-je prétendre
De guérir les mortels de cette vieille erreur,
Qu'ils aiment jusqu'à la fureur,
Si moi qui la condamne ai peine à m'en défendre ?
Ce portrait dont Appelle aurait été jaloux[6]
Me remplit malgré moi de la flatteuse attente
Que je ne saurais voir dans autrui sans courroux.
Faible raison que l'Homme vante,
Voilà quel est le fond qu'on peut faire sur vous !
Toujours vains, toujours faux, toujours pleins d'injustices,
Nous crions dans tous nos discours
Contre les passions, les faiblesses, les vices,
Où nous succombons tous les jours.

LXXXV
AU R. P. BOUHOURS
*Sur son Livre de l'*Art de bien penser sur les Ouvrages d'Esprit[1]

Dans une liste triomphante
De célèbres Auteurs, que votre Livre chante,
Je ne vois point mon nom placé.
À moi, (n'est-il pas vrai ?) vous n'avez point pensé.

Mais aussi dans le même rôle
Vous avez oublié Pascal,
Qui pourtant ne pensait pas mal.
Un tel compagnon me console.

LXXXVI
SUR LE MÊME OUVRAGE

On voit par le Recueil qu'il vient de mettre au jour
Qu'il lit et Prose et Vers de folie et d'amour ;
Cela vaut beaucoup mieux que de prendre la peine
De débrouiller saint Augustin,
Le dur Tertullien, et l'obscur Origène.
Il vaut mieux commenter Ovide et La Fontaine,
Et les plus beaux endroits de Bussy-Rabutin[1].

LXXXVII
SONNET BURLESQUE,
sur la Phèdre *de Racine*[1]

Dans un fauteuil doré, Phèdre, tremblante et blême,
Dit des Vers où d'abord personne n'entend rien ;
Sa nourrice lui fait un sermon fort chrétien,
Contre l'affreux dessein d'attenter à soi-même.

Hippolyte la hait presque autant qu'elle l'aime,
Rien ne change son cœur, ni son chaste maintien ;

La nourrice l'accuse, elle s'en punit bien,
Thésée a pour son fils une rigueur extrême.

Une grosse Aricie, au cuir rouge, aux crins blonds[2],
N'est là que pour montrer deux énormes tétons,
Que, malgré sa froideur, Hippolyte idolâtre.

Il meurt enfin traîné par ses coursiers ingrats ;
Et Phèdre, après avoir pris de la mort aux rats,
Vient en se confessant mourir sur le Théâtre.

LXXXVIII
CHANSON SUR MONSIEUR L'ABBÉ TESTU[1]

De l'épître de Deshoulières
On fait ici beaucoup de bruit,
Auprès de ces vives lumières
Aucune lumière ne luit.
        Par ce qui suit
        Par ce qui suit
On voit que sur quelques matières
Trop bien louer quelquefois nuit.

De par l'abbé Testu qu'en mitre
Ne verront jamais ses amis,
On a convoqué le chapitre
De nos seigneurs les Beaux Esprits
        Qu'il a repris
        Qu'il a repris

Moins pour avoir lu cette épître
Que pour n'en avoir rien omis.

Ce jour-là d'humeur si mutine
Se trouva le docte troupeau
Qu'à sa fatuité blondine
On cria dans chaque bureau :
Dans le panneau
Dans le panneau
Qu'a tendu le dévot Racine
Il a donné comme Dangeau[2].

Quand un vent de cabale souffle,
Il est bon et demeure coi,
Testu, ce doucereux maroufle[3]
Se trompera s'il ne m'en croit.
Mieux lui vaudrait
Mieux lui vaudrait
Qu'encor de quelque autre pantoufle
On lui couvrît certain endroit.

L'aventure est trop ridicule,
Pour ne pas la faire savoir ;
Il montrait à Dame incrédule
Sa chandelle[4], et la faisait voir.
Sans s'émouvoir,
Sans s'émouvoir,
La folette tira sa mule
Et la fit servir d'éteignoir.

Au lieu de venger cette injure,
Les Amours, à malice enclins,

Riaient entr'eux de l'aventure
Du Doyen des Abbés blondins.
Ces Dieux badins,
Ces Dieux badins,
Se disaient : Vois-tu la coiffure
Qu'on a mise au Dieu des Jardins[5].

DOSSIER

CHRONOLOGIE

2 janvier 1638. Antoinette du Ligier de La Garde est baptisée en l'église de Saint-Germain-l'Auxerrois, à Paris, rive droite.

Fille de Melchior Ligier de La Garde, gentilhomme originaire du Dauphiné servant la reine régente Marie de Médicis, puis Anne d'Autriche, et de Claude Gaultier, nièce de Benoît Milon, seigneur de Wideville, intendant des Finances sous Henri III et président de la Chambre des comptes de Paris.

A deux frères dont l'un deviendra abbé et sera évoqué dans une ballade.

1638-1651. Antoinette grandit rue Saint-Honoré et reçoit une instruction poussée (apprend notamment le latin, ce qui lui donne un accès direct aux textes anciens, ainsi que l'italien et l'espagnol, langues des modèles littéraires du siècle précédent).

Fréquente probablement avec ses parents des lieux réunissant les esprits les plus spirituels de l'époque : l'hôtel de Rambouillet ou « Chambre bleue », animé par la marquise de Rambouillet, l'hôtel de Condé, ainsi que l'hôtel de Clermont, où reçoivent Georges et Madeleine de Scudéry.

18 juillet 1651. À l'âge de treize ans, Antoinette épouse à l'église Saint-Eustache Guillaume de La Fon de Boisguérin (1621-1693), seigneur des Houlières, gentilhomme ordinaire du prince de Condé, originaire du Poitou et protestant.
Condé, un des meneurs de la Fronde, tente de soulever les provinces contre le jeune Louis XIV. Monsieur Deshoulières quitte Paris et le suit à Bordeaux, alors en rébellion, puis en Flandre, où le parti des frondeurs rallie les Espagnols : Condé est déclaré coupable de lèse-majesté ; les biens de Monsieur Deshoulières sont confisqués.

1651-été 1655. Restée à Paris chez ses parents, Antoinette poursuit son instruction ; a pour maître Jean Hesnault (1611-1682), poète et esprit fort, fidèle de Nicolas Fouquet, adepte de la pensée du philosophe épicurien et matérialiste Pierre Gassendi ; continue de fréquenter les « ruelles » et autres cercles littéraires ou philosophiques.

7 juin 1654. Louis XIV est sacré à Reims ; début de la formalisation de la paix avec les Espagnols et de l'ascendant politique et culturel du jeune roi ; les positions des frondeurs commencent à s'effriter.

Juillet 1655. Antoinette quitte brusquement Paris et rejoint son époux à Rocroi, dans le camp des frondeurs, probablement mandée par sa famille pour influencer Condé, et pour pousser son mari à livrer la place de Rocroi au roi.

Septembre 1655-décembre 1656. Constitue une petite société brillante à Rocroi, et est remarquée, notamment par Condé, à la cour de Bruxelles ; intrigue pour la cause royale.

31 mai 1656. Donne naissance à son premier enfant, Antoinette-Thérèse, qui composera elle-même des vers,

demeurera célibataire et se consacrera à la publication des œuvres de sa mère après la mort de celle-ci.

Décembre 1656. La stratégie d'Antoinette Deshoulières est démasquée par Condé. Monsieur Deshoulières est arrêté et emprisonné au château de Vilvorde après avoir tenté de se suicider. Antoinette Deshoulières, atteinte de la petite vérole, reste sous surveillance à Rocroi puis est transférée à son tour à Vilvorde.

31 août 1657. Le couple s'échappe de Vilvorde et rejoint Paris. Le père d'Antoinette obtient par l'intermédiaire du puissant Michel Le Tellier, administrateur des armées du roi, une audience de Louis XIV, de la régente et de Mazarin : les époux sont pardonnés, elle de l'échec de sa mission, lui d'avoir servi Condé.

8 mai 1658. Une séparation de biens entre les époux est prononcée, sans doute pour protéger la part d'Antoinette. Le roi nomme Monsieur Deshoulières gouverneur de Sète ; celui-ci devient ensuite ingénieur en fortifications auprès de Vauban, qu'il accompagne de place en place (Tournai, Lille, Fort-Louis, Belle-Île, Bayonne, etc.). La poétesse y fera allusion dans la « Lettre en chansons » qu'elle lui adressera en 1677.

1659. Premières pièces en vers publiées par Antoinette Deshoulières dans le recueil de portraits élaboré par le cercle de la duchesse de Montpensier, dite la « Grande Mademoiselle » : il s'agit de deux portraits, l'un de la précieuse Mademoiselle de Vilenne, l'autre du poète libertin François Payot de Lignières.

La poétesse commence à recevoir rue de l'Homme armé (actuelle rue des Archives), dans le Marais, où elle s'est installée. Autour se trouvent les lieux de divertissement et d'effervescence intellectuelle les plus actifs : l'hôtel du duc de Saint-Aignan, de Montmor (où meurt

Gassendi), de Guise (siège des précieuses, fréquenté par Madame de Sévigné).

3 novembre 1659. Naissance de sa fille Antoinette-Claude, qui deviendra religieuse dans un couvent à Nyons, probable destinataire de la ballade « Ores est temps de vous donner conseil » ; la poétesse a donné naissance à une troisième fille, dont on ignore le destin.

1666. Naissance de son fils Jean-Alexandre ; il mourra le 11 août 1694, des suites de blessures reçues au service du roi lors de la bataille de Mons en 1691, épisode évoqué dans l'« Épistre de Mme des Houlierres à Mgr le duc de Bourgogne », lue à l'Académie française le 5 mai 1691, lors de la réception de Fontenelle.

1671. Publication de son « Sonnet en bouts-rimés sur l'or » dans un recueil collectif prestigieux, le *Recueil de poésies chrétiennes et diverses dédié à Monseigneur le prince de Conti, par M. de La Fontaine*, chez Pierre Le Petit. Première publication dans le journal le *Mercure galant* de Donneau de Visé de la « Lettre de Gas, Épagneul de Madame Deshoulières, à Monsieur le Comte de L.T. ». D'autres pièces suivront, dont « Les moutons » en 1677, la plupart des idylles, et la série des épîtres de sa chatte Grisette dans l'« Extraordinaire » de 1678.

Été 1672-automne 1674. Effectue un grand voyage dans le Dauphiné, sa région d'origine, où elle retrouve la famille de La Charce ; visite la vallée du Lignon, lieu du roman pastoral *L'Astrée* qui a inspiré sa génération, et la Fontaine de Vaucluse, autre endroit mythique lié à Pétrarque, évoqué dans l'épître « À Mademoiselle de La Charce ».

1677-1678. Affaire des *Phèdre* de Racine et de Pradon ; Antoinette Deshoulières, dans le camp de l'hôtel du duc de Nevers, cercle libertin et anticonformiste, se range du côté de Pradon et compose un sonnet satirique sur la pièce de Racine ; passe d'armes avec Boileau qui prend la défense de ce dernier.

19 juin 1678. Obtient le privilège royal pour la publication d'un recueil de poésies, privilège qu'elle n'active pas, ayant dessein, selon l'Éloge historique qui lui est consacré dans les éditions du XVIIIe siècle parues chez D. l'Aîné, « d'écrire [d'abord] à la louange du roi ».

1680. Sa tragédie *Genséric,* publiée anonymement, est jouée à l'hôtel de Bourgogne mais rencontre peu de succès ; Boileau compose un sonnet satirique sur la pièce et son auteur.

1683-1686. Loge successivement (et de plus en plus modestement) rue de Ventadour, rue Saint-Honoré, rue Saint-Roch, enfin rue de la Sourdière, où elle finira sa vie ; commence à souffrir d'un cancer du sein.

1684. Admise, après la traductrice Anne Dacier et avant la romancière Madeleine de Scudéry, à l'Académie des Ricovrati, prestigieux cercle littéraire fondé à Padoue en 1599.

1688. Parution du recueil des *Poësies de madame Deshoulières* chez la veuve de Sébastien Mabre-Cramoisy.

1689. Première femme de lettres élue dans une académie française : l'académie d'Arles.

3 janvier 1693. Mort de son époux à leur domicile ; commence à préparer l'édition de la suite de ses œuvres.

1693. Reçoit du roi une pension de mille livres, puis de quatre cents livres au début de l'année suivante.

17 février 1694. Meurt du cancer du sein après un probable retour à la religion ; est inhumée auprès de son époux dans l'église Saint-Roch. Le *Mercure galant* fait paraître une notice nécrologique élogieuse.

1695. Publication de la suite de ses *Poësies* chez Jean Villette, à Paris, édition élaborée par sa fille Antoinette-Thérèse, qui y adjoint certaines de ses œuvres.

Durant le XVIIIe siècle. L'œuvre poétique d'Antoinette Deshoulières fait l'objet de publications régulières, augmentées d'inédits, chez J. Villette (1705, 1707, 1709, 1724-1725, 1732, 1739), chez F. Foppens à Bruxelles (1708, 1711, 1745, 1750), chez D. l'Aîné (1747, 1753, 1762, 1763), chez Prault fils (1747, 1753, 1758), etc. ; elle fait partie du canon littéraire de plusieurs ouvrages pédagogiques, destinés notamment aux jeunes filles, et figure au catalogue des bibliothèques privées (voir l'article d'Alicia Montoya référencé dans la Bibliographie sélective).

Entre 1803 et 1821. Quelques éditions des œuvres complètes se succèdent. À la fin du XIXe siècle et au début du XXe siècle, sa poésie ne paraît plus que sous la forme de recueils d'œuvres choisies, et la figure de la poétesse, bien qu'évoquée par Sainte-Beuve ou Valery Larbaud, s'estompe de l'histoire littéraire.

1992. Le musicien et parolier Jean-Louis Murat achète sur le marché aux puces de Clermont-Ferrand une édition ancienne des œuvres de la poétesse : à partir d'une petite anthologie de poèmes, il compose un album folk qu'il enregistre en 2000 avec la comédienne Isabelle Huppert (label « Virgin France », 2001).

2005. La première publication moderne de ses poésies paraît aux éditions Bartillat.

BIBLIOGRAPHIE SÉLECTIVE

Pour une bibliographie plus complète, notamment des éditions anciennes, on se reportera à notre édition *Poésies*, Classiques Garnier, 2010.

ÉDITIONS ANCIENNES DES ŒUVRES D'ANTOINETTE DESHOULIÈRES

Imprimés

*Genséric, tragédie, par Mme **** [Deshoulières], Paris, chez C. Barbin, 1680 (Bnf, 8-YTH-7885).

Pour la naissance de Monsieur, duc de Bourgogne, idylle de Mme Des Houlières, S.l.n.d. [1682], in-4°, 5 p. (Bnf, YE 1447).

Poësies de madame Deshoulières, Paris, chez la veuve de S. Mabre-Cramoisy, 1688 (Bnf, YE 8159).

Épistre de Mme Des Houlierres à Mgr le duc de Bourgogne, Paris, chez J.-B. Coignard, 1691 (Bnf, YE 2738).

Poësies de madame [et Mlle] Deshoulières, Seconde partie, Paris, chez J. Villette, 1695 (Bnf, YE 8160).

Poësies de Mme Deshoulières. Nouvelle édition, augmentée de toutes ses œuvres posthumes [et des poësies de Mlle Deshoulières], Paris, chez J. Villette, 1705, 2 vol. (Bnf, Rés YE-2211-2212).

Poësies de Mme Deshoulières, augmentées d'une infinité de pièces qui ont été trouvées chez ses amis, Paris, chez J. Villette, 1724-1725, 2 vol. (Bnf, YE 1284 [1-2]).
Œuvres de Mme et de Mlle Deshoulières. Nouvelle édition, augmentée de leur éloge historique, et de plusieurs pièces, qui n'avoient pas encore été imprimées, Paris, chez D. l'Aîné, 1747, 2 vol. (Bnf, YE-8171-8172).

Mercure galant (*abrégé en* MG *dans les notes*)

Les numéros, conservés à la bibliothèque de l'Arsenal, sont désormais consultables en ligne sur le site https://obvil.sorbonne-universite.fr/corpus/mercure-galant.

Ne sont répertoriées ici que les pièces publiées dans cette anthologie.

Janvier-avril 1672 :
– *Lettre de Gas, Epagneul de Mme Des-Houlieres, À Monsieur le Comte de L.T.*, « Pour vous marquer mon courroux », p. 267-271.
– *Lettre de Gas, Epagneul de Mme Des-Houlieres*, « J'apprends de tous côtés que malgré le destin », p. 327-329.
Juillet 1677 :
– *Rondeau*, « Contre l'amour, voulez-vous vous défendre ? », p. 133.
– *Les Moutons, idylle*, « Hélas, petits moutons, que vous êtes heureux ! », p. 135-141.
Août 1677 : Rondeaux, « Taisez-vous tendres mouvements » et « Le bel esprit, au siècle de Marot », p. 25 et p. 301.
Novembre 1677 : *Les Fleurs. Idylle*, « Que votre éclat est peu durable », p. 150-158.
Février 1678 : *Air nouveau*, « Ah ! que je sens d'inquiétude ! », p. 163.
Octobre 1678 (numéro « Extraordinaire ») : série des épîtres de Grisette, p. 294-318.

Mai 1679 : *Les Oyseaux. Idille de Mme Des-Houlieres*, « L'air n'est plus obscurci par les brouillards épais », p. 236-243.

Juillet 1679 : *Elegie*, « Généreux Licidas, ami sage et fidèle », p. 66-72.

Septembre 1682 :

– *Pour la naissance de Monseigneur le duc de Bourgogne. Idille*, « L'Amour pressé d'une douleur amère », 1re partie, p. 71-81.

– *Eglogue*, « Assise au bord de la Seine », 2e partie, p. 10-15.

Octobre 1682 :

– *Balade*, « Dans ce Hameau, je vois de toutes parts », 1re partie, p. 273-275.

– *A Monsieur de Poincty, Commandant dans une des Galiotes du Roy, nommée la Cruelle. Balade*, « Preux chevalier, sage et de bon aloi » 2e partie, p. 309-312.

Janvier 1684 :

– *Ballade de Madame Des Houlieres*, « À caution tous amants sont sujets », 1re partie, p. 171-174.

– *Réponse de Madame Des Houlieres à Mr le duc de Saint-Aignan*, « Duc plus vaillant que ces fiers Paladins », 1re partie, p. 181-184.

Février 1684 : *Troisième Ballade de Madame Des Houlieres à Mr le duc de Saint-Aignan*, « Los immortel que par fait héroïque », 2e partie, p. 230-233.

Mai 1684 : *Epître de Madame Des Houlieres, au Roy*, « Pourquoi chercher une nouvelle gloire ? », p. 194-201.

Novembre 1684 : *Épître chagrine de Madame Des Houlières à Mademoiselle****, « Quel espoir vous séduit ? quelle gloire vous tente ? », p. 22-34.

Décembre 1684 : *Églogue*, « La terre fatiguée, impuissante, inutile », p. 114-121.

Mars 1685 : *Le Ruisseau. Idyle. De Madame Des Houlieres*, « Ruisseau, nous paraissons avoir un même sort », p. 177-186.

Juin 1685 : *Ode de Madame Des Houlieres. Au Roy*, « Le croiras-tu, Louis, à ta gloire attentive », p. 74-85.

Septembre 1685 : *Epitre chagrine A Mademoiselle D.L.C.*, « Hé bien, quel noir chagrin vous occupe aujourd'hui ? », p. 108-118.

Avril 1687 : *Vers sur la rime en ouille*, « Amoureux rossignols, de qui la voix chatouille », p. 11-14.

Janvier 1688 : *L'Hyver. Idille de Madame Des Houlieres, à Mr Lucas*, « L'Hiver suivi des vents, des frimas, des orages », p. 167-172.

Septembre 1690 : *Sur la Mort de Mr le Duc de Montausier. Idille*, « Sur le bord d'un ruisseau paisible », p. 101-108.

Février 1692 : *A Madame d'Ussé, fille de Mr de Vauban*, « Quelqu'un qui n'est pas votre époux », p. 127-134.

Mars 1692 : *Epitre chagrine. Au R.P. de La Chaise*, « Sous le débris de vos attraits », p. 159-175.

Septembre 1692 : *Bouquet*, « Il est aujourd'hui votre fête », p. 99-105.

Novembre 1693 : *Reflexions morales de Madame Deshoulierres. Sur l'envie immodérée de faire passer son Nom à la Postérité*, « La savante CHÉRON, par son divin pinceau », p. 86-101.

Recueils collectifs

Recueil des portraits et éloges en vers et en prose, dédié à son Altesse royalle Mademoiselle, Paris, chez C. de Sercy et C. Barbin, 1659 : *Portrait de Mlle de Vilenne fait par Mme Deshoulières*, « Je ne puis m'empêcher de faire la peinture », p. 310-313.

Recueil de poësies chrétiennes et diverses dédié à Monseigneur le prince de Conti, par M. de La Fontaine, Paris, chez P. Le Petit, 1671 : *Sonnet en bouts-rimés sur l'or*, « Ce métal précieux, cette fatale pluie », t. II, p. 173.

Recueil de vers choisis par le R.P. Bouhours, Paris, chez G. et L. Josse, 1693 :

– *A Madame d'Ussé, fille de M. de Vauban*, « Quelqu'un qui n'est pas votre époux », p. 234.
– *Idylle de Madame Deshoulieres, sur la mort de Monsieur le Duc de Montausier*, « Sur le bord d'un ruisseau paisible », p. 243.
– *Epistre chagrine au R. Père de la Chaise, confesseur du roi*, « Sous le débris de vos attraits », p. 299.
– *Bouquet de Madame Deshoulieres, A M. l'abbé de Lavau, Le jour de la Feste de saint Loüis*, « Il est aujourd'hui votre fête », p. 299.

*Le Portefeuille de Monsieur L.D.F.*****, Carpentras, chez D. Labarre, 1694 : *Sonnet burlesque sur la Phèdre de Racine*, « Dans un fauteuil doré, Phèdre, tremblante et blême », p. 141.

Recueil de pièces curieuses et nouvelles, tant en Prose qu'en Vers, La Haye, chez A. Moetjens, 1694 : *Lettre de Gas*, « Pour vous marquer mon courroux », p. 576.

Manuscrits

Manuscrit Conrart 5418, bibliothèque de l'Arsenal : *Lettre de Gas*, « Pour vous marquer mon courroux », f° 1039.

Manuscrit Tralage 6542, bibliothèque de l'Arsenal : *Epître chagrine de Me des Houlières, A Mademoiselle, sur les savans et les sciences*, « Quel espoir vous séduit ? quelle gloire vous tente ? », f° 220.

Manuscrit 672 ou Manuscrit Tallemant des Réaux, bibliothèque de La Rochelle :
– *Sonnet sur la représentation de l'Hipolyte de Racine*, « Dans un fauteuil doré, Phèdre, tremblante et blême », f° 188.
– *Epître chagrine de Me des Houlières, A Mademoiselle, sur les savans et les sciences*, « Quel espoir vous séduit ? quelle gloire vous tente ? », f° 229.

ÉDITIONS MODERNES DES ŒUVRES D'ANTOINETTE DESHOULIÈRES

Madame Deshoulières. Textes réunis et présentés par Jean-Louis Murat, dessins de Carmelo Zagari, Saint-Étienne, Les Cahiers intempestifs, 2001.

L'Enchantement des chagrins. Poésies complètes, Catherine Hémon-Fabre et Pierre-Eugène Leroy (éd.), Paris, Bartillat, 2005.

Genséric, tragédie, in *Théâtre de femmes de l'Ancien Régime, XVII*[e] *siècle*, Aurore Évain, Perry Gethner et Henriette Goldwyn (éd.), Publications de l'Université de Saint-Étienne, 2008 (repris par Classiques Garnier, 2016), t. II.

Poésies, Sophie Tonolo (éd.), Paris, Classiques Garnier, 2010.

TEXTES D'ANTOINETTE DESHOULIÈRES MIS EN MUSIQUE

Madame Deshoulières, album de Jean-Louis Murat, voix d'Isabelle Huppert, label « Virgin France », 2001.

Livres d'airs de différents auteurs, Paris, chez R. et C. Ballard, 1658-1694, consultable en ligne sur le site https://omeka.cmbv.fr, regroupant 1 220 airs, dont 4 de la poétesse :

« Revenez, charmante verdure » (anonyme, 1682).

« On connaît peu l'amour », mis en musique par Michel Lambert (1691).

« Aimables habitants de ce naissant feuillage », mis en musique par M. Lambert (1692).

« Taisez-vous, tendres mouvements », mis en musique par Jean-Baptiste Cappus (1694).

DICTIONNAIRES

DAF : *Dictionnaire de l'Académie française*, Paris, chez J.-B. Coignard, 1694, et les huit éditions postérieures, consultable en ligne sur le portail https://www.dictionnaire-academie.fr.

FÉRAUD, Jean-François, *Dictionnaire critique de la langue française*, Marseille, chez J. Mossy, 1787-1788, consultable en ligne sur le portail « Dictionnaires d'autrefois » de l'université de Chicago : https://artfl-project.uchicago.edu/content/dictionnaires-dautrefois.

FURETIÈRE, Antoine, *Dictionnaire universel, contenant généralement tous les mots françois tant vieux que modernes, et les termes de toutes les sciences et des arts*, La Haye et Rotterdam, chez A. et R. Leers, 1690, consultable en ligne sur le portail http://www.furetière.eu/.

RICHELET, Pierre, *Dictionnaire françois, contenant les mots et les choses*, Genève, chez J. H. Widehold, 1680, consultable en ligne sur le portail https://gallica.bnf.fr.

TEXTES ANCIENS CITÉS

L'ARIOSTE, *Roland furieux*, Jean-Michel Gardair (éd.), Paris, Gallimard, « Folio classique », 2003.

BACILLY, Bertrand de, *Recueil des plus beaux vers qui ont esté mis en chant. Avec le nom des autheurs, tant des airs que des paroles*, 1re partie, Paris, chez C. de Sercy, 1661.

BACILLY, Bertrand de, *Nouveau recueil des plus beaux vers mis en chant, augmenté de tous les airs les plus nouveaux, et de plusieurs grands récits & autres couplets de madame la Comtesse de la Suze, qui n'ont point paru jusqu'à présent*, Paris, chez G. de Luyne, 1680.

BAYLE, Pierre, *Dictionnaire historique et critique*, Rotterdam, chez R. Leers, 1703, art. « Hesnault », t. II, p. 1511, art. « Plotin », t. III, p. 2454.

BOILEAU, Nicolas, *Satires, Épîtres, Art poétique,* Jean-Pierre Collinet (éd.), Paris, *Poésie* / Gallimard, 1985.

BOILEAU, Nicolas, *Le Lutrin, Œuvres diverses du Sieur D***, avec le traité du Sublime ou du merveilleux dans le discours, traduit du grec de Longin*, Paris, chez D. Thierry, 1674, p. 149-178.

BOUHOURS, Dominique, *La Manière de bien penser dans les ouvrages d'esprit, dialogues*, Paris, chez L. Lucas, 1691 (1687).

CATULLE, *Poésies*, Henri Lafay (éd.), Paris, Les Belles Lettres, 1923.

CHARPENTIER, François, *Deffense pour la langue françoise, pour l'inscription de l'arc de triomphe*, Paris, chez C. Barbin, 1676.

DESCHAMPS, Eustache, *Œuvres complètes*, marquis de Queue Saint-Hilaire et Gaston Raynaud (éd.), Paris, Didot, SATF, 1878-1903.

DESPORTES, Philippe, *Les Amours d'Hippolyte*, Genève, Droz, 1960.

ÉSOPE, *Fables*, Antoine Biscéré (éd.), Paris, Gallimard, « Folio classique », 2019.

GUARINI, Battista, *Il pastor fido, tragicomedia pastorale di Battista Guarini, in versi*, Ferrare, chez V. Baldini, 1590.

HORACE, *Odes et Épodes*, François Villeneuve (éd.), Paris, Les Belles Lettres, 1929.

LA FONTAINE, Jean de, *Fables*, Jean-Pierre Collinet (éd.), Paris, Gallimard, « Folio classique », 1991.

La Guirlande de Julie, manuscrit conservé à la Bibliothèque nationale de France (NAF 19 735), 1601-1700.

LA ROCHEFOUCAULD, François de, *Maximes et réflexions diverses*, Jean Lafond (éd.), Paris, Gallimard, « Folio classique », 1976.

LEMAIRE DE BELGES, Jean, *Le Triumphe de l'Amant vert, comprins en deux épistres fort joyeuses, envoyées à Mme Marguerite Auguste, composées par Jehan Le Maire de Belges avec plusieurs lettres missives amoureuses, plusieurs balades et rondeaux nouveaux*, Paris, chez D. Janot, 1535.

L'HÉRITIER, Marie-Jeanne, *Le Triomphe de Madame Des-Houlières reçue dixième Muse du Parnasse*, Paris, chez C. Mazuel, 1694.

LORET, Jean, *La Muze historique*, Paris, chez C. Chénault, 1658-1665.

LUCRÈCE, *De la Nature, De Rerum natura*, José Kany-Turpin (éd.), Paris, Flammarion, 2021.

MAROT, Clément, *Les Épîtres*, Guillaume Berthon et Jean-Charles Monferran (éd.), Paris, *Poésie* / Gallimard, 2021.

MAROT, Clément, *Œuvres complètes*, François Rigolot (éd.), Paris, Flammarion, « GF », 2007-2009, 2 vol.

MONTAIGNE, Michel de, *Apologie de Raymond Sebond*, Paul Mathias (éd.), Paris, Flammarion, 1999.

MONTALVO, Garci Rodríguez de, *Amadis de Gaula*, Saragosse, chez J. Coci, 1508.

OVIDE, *L'Art d'aimer*, Philippe Heuzé (éd.), Paris, Les Belles Lettres, 1924.

OVIDE, *Les Métamorphoses*, Jean-Pierre Néraudau (éd.), Paris, Gallimard, « Folio classique », 1992.

PIZAN, Christine de, *Œuvres poétiques*, Maurice Roy (éd.), Paris, Firmin-Didot, 1886-1896, 3 vol.

PIZAN, Christine de, *Cent ballades d'amant et de dame*, Jacqueline Cerquiglini-Toulet (éd.), Paris, *Poésie* / Gallimard, 2019.

PRADON, Nicolas, *Phèdre et Hippolyte*, Paris, chez H. Loyson, 1677.

PROPERCE, *Élégies*, Simone Viarre (éd.), Paris, Les Belles Lettres, 2005.

RACINE, Jean, *Phèdre et Hippolyte*, Paris, chez C. Barbin, 1677.

SAINTE-BEUVE, Charles-Augustin, *Œuvres*, Paris, Gallimard, « Bibliothèque de la Pléiade », 1953, t. I, p. 732 et 953 ; t. II, p. 1186-1192 et p. 1304-1327.

SAINTE-BEUVE, Charles-Augustin, « Une ruelle poétique sous Louis XIV », in *Portraits de femmes*, Gérald Antoine (éd.), Paris, Gallimard, 1998, p. 431-456.

SCUDÉRY, Madeleine de, *Clélie, histoire romaine*, Delphine Denis (éd.), Paris, Gallimard, « Folio classique », 2006.

SÉNÈQUE, *Œuvres complètes*, Charles du Rozoir (éd.), Paris, C.-L.-F. Panckoucke, 1832-1836.

SOMAIZE, Antoine B., *Le grand Dictionnaire des pretieuses ou la clef de la langue des ruelles*, Nendeln, Kraus Reprint, fac. simil. Éd. augm. de Paris, P. Jannet, 1856 [1661].

URFÉ, Honoré d', *L'Astrée*, Paris, chez Toussaint du Bray, 1607-1621 ; une édition est consultable en ligne sur le site http://astree.huma-num.fr.

VIRGILE, *Bucoliques, Géorgiques*, éd. bilingue, Florence Dupont (éd.), Paris, Gallimard, « Folio classique », 1997.

VILLON, François, *Poésies*, Jean Dufournet (éd.), Paris, *Poésies* / Gallimard, 1973.

VOLTAIRE, François-Marie Arouet (dit), *Le Siècle de Louis XIV*, *Œuvres historiques*, René Pomeau (éd.), Paris, Gallimard, 1957, p. 1156.

ÉTUDES CITÉES

ADAM, Antoine, *Les Libertins au XVIIe siècle*, Paris, Buchet-Chastel, 1964, p. 252-257.

CHOMÉTY, Philippe, *« Philosopher en langage des dieux. » La poésie d'idées en France au siècle de Louis XIV*, Paris, H. Champion, 2006.

CHOMÉTY, Philippe, « Du *Clinamen* au galimatias : l'Imitation de Lucrèce d'Antoinette Deshoulières », *in* Philippe Chométy et Michèle Rossellini (dir.), *Traduire Lucrèce. Pour une histoire de la réception française du "De Rerum Natura" (XVIe-XVIIIe siècle)* », Paris, H. Champion, 2017, p. 257-284.

CONLEY, John J., « Madame Deshoulières : a Naturalist Creed », in *The Suspicion of Virtue : Women Philosophers in Neoclassical France*, Ithaca, Cornell University Press, 2002, p. 45-74.

CONLEY, John J., « Deshoulières, Antoinette du Ligier de La Garde (1638-1694) », in *The Internet Encyclopedia of Philosophy*, ISSN 2161-0002, https://iep.utm.edu.

DARMON, Jean-Charles, *Philosophie épicurienne et littérature au XVIIe siècle : études de Gassendi, Cyrano de Bergerac, La Fontaine, Saint-Évremond*, Paris, PUF, 1988.

DEBROSSE, Anne, « Les souvenirs pieux de Madeleine de Scudéry et d'Antoinette Deshoulières chez Marie-Jeanne L'Héritier », *in* Nathalie Grande et Chantal Pierre (dir.), *Légendes noires, légendes dorées, ou comment la littérature fabrique l'histoire (XVIIe-XIXe siècle)*, Presses universitaires de Rennes, 2018, p. 161-162.

DENIS, Delphine, *Le Parnasse galant. Institution d'une catégorie littéraire au XVIIe siècle*, Paris, H. Champion, 2001.

DUPERRAY, Ève, *L'Or des mots : une lecture de Pétrarque et du mythe littéraire de Vaucluse des origines à l'aube du XXe siècle*, Paris, Publications de la Sorbonne, 1997.

FABRE, Antonin, *De la correspondance de Fléchier avec Mme Des Houlières et sa fille*, Paris, Didier et c^{ie}, 1871.

GALESLOOT, Louis, *Madame Deshoulières emprisonnée au château de Vilvorde par ordre du prince de Condé ; son évasion de la forteresse. Notice historique accompagnée de pièces justificatives*, Bruxelles, Chez Arnold, 1866.

GÉNETIOT, Alain, « L'élégant badinage : Marot, Voiture et La Fontaine », *Le Fablier* (publié par Les Amis de Jean de La Fontaine), n° 27, 2016, p. 39-46.

GLADU, Kim, « Le débat sur le style pastoral au XVIIIe siècle : Madame Deshoulières, modèle de l'élégiaque galant », *Tangence*, 2015, n° 109 : *Plaintes, pleurs et plaisirs : la poésie élégiaque à l'époque classique*, p. 89-109.

GOULET, Anne-Madeleine, *Poésie, musique et sociabilité au XVIIe siècle : les livres d'airs de différents auteurs publiés chez Ballard de 1658 à 1694*, Paris, H. Champion, 2004.

GOULET, Anne-Madeleine, « Louis XIV et l'esthétique galante : la formation d'un goût délicat », *in* Jean Duron (dir.), *Le Prince et la musique. Les passions musicales de Louis XIV*, Wavre, Mardaga, 2009, p. 89-104.

LACHÈVRE, Frédéric, *Les Derniers Libertins*, Paris, H. Champion, 1924.

LARBAUD, Valery, *Du Navire d'argent*, Paris, Gallimard, 2003, p. 235-254.

LAVEZZI, Élisabeth, « À propos d'Antoinette Deshoulières », in *Hommage à Élisabeth Sophie Chéron. Texte et peinture à l'âge classique*, Paris, Presses universitaires de la Sorbonne, 1992, p. 128-132.

LOPEZ, Denis, *La Plume et l'Épée : Montausier (1610-1690)*, Paris-Seattle-Tübingen, Biblio 17, 1987.

MAÎTRE, Miriam, *Les Précieuses. Naissance des femmes de lettres en France au XVIIe siècle*, Paris, H. Champion, 1999.

MONTOYA, Alicia, *Medievalist Enlightenment : from Charles Perrault to Jean-Jacques Rousseau*, Cambridge, D.S. Brewer, 2013.

MONTOYA, Alicia, et JARGESMAT, Rindert, « Les livres français dans les catalogues de vente aux enchères des bibliothèques privées (Provinces-Unies, 1670-1750) », *in* Mathilde Bombart, Sylvain Cornic, Edwige Keller-Rahbé et Michèle Rossellini (dir.), *"À qui lira". Littérature, livre et librairie en France au XVIIe siècle. Actes du 47e colloque de la North American Society for Seventeenth French Literature*, Tübingen, Biblio 17, 2020.

SCHRÖDER, Volker, « Verse and Versatility : The Poetry of Antoinette Deshoulières », *in* Faith E. Beasley (dir.), *Teaching Seventeenth-and-Eighteenth Century French Women*

Writers, New York, The Modern Language Association of America, 2011, p. 242-249.

SCHRÖDER, Volker, « Madame Deshoulières, ou la satire au féminin », *Dix-septième siècle*, vol. 258, n° 1, 2013, p. 95-106.

SCHRÖDER, Volker, « “Le grand nom de Louïs mêlé dans mes ouvrages” : la place du roi dans les *Poésies* de Mme Deshoulières », *in* Alain Génetiot (dir.), *Morales du poète à l'âge classique*, Paris, Classiques Garnier, 2019, p. 95-117.

SIOUFFI, Gilles, *Une histoire de la phrase française : des serments de Strasbourg aux écritures numériques*, Arles, Actes Sud, 2021.

TONOLO, Sophie, « Aimer comme Amadis : une poétesse entre deux siècles », *in* Thomas M. Carr Jr et Russell Ganim (dir.), *Origines. Actes du 39e colloque de la North American Society for Seventeenth French Literature*, Tübingen, Biblio 17, 2009, p. 273-286.

TONOLO, Sophie, « De la querelle à l'idylle : quelques enjeux de la poésie de Madame Deshoulières », *in* Benoît Bolduc et Henriette Goldwyn (dir.), *Concordia Discors. Actes du 41e colloque de la North American Society for Seventeenth French Literature*, Tübingen, Biblio 17, 2011, vol. 2, p. 33-45.

TONOLO, Sophie, « Rhétorique du cœur et écriture intime. L'art épistolaire d'Antoinette Deshoulières », *in* Claude La Charité et Roxanne Roy (dir.), *Femmes, rhétorique et éloquence sous l'Ancien Régime*, Presses universitaires de Saint-Étienne, 2012, p. 205-217.

TONOLO, Sophie, « De la direction maternelle à l'art d'être grand-mère : l'éducation par la lettre vers 1690 », *Revue de l'AIRE*, n° 47, 2021, p. 231-242.

TRINQUET, Charlotte, « Mademoiselle de La Force, une princesse de la République des lettres », *Œuvres et Critiques*, vol. XXXV, n° 1, 2010, p. 147-157.

NOTES

I. ÊTRE FEMME

Page 35. *I. À Mademoiselle de La Charce. Pour la Fontaine de Vaucluse*

1. Texte établi d'après les *Poësies de madame Deshoulières*, chez la veuve de Sébastien Mabre-Cramoisy, 1688 (désormais noté *Poësies* 1688). Probablement composée en 1673, date à laquelle Antoinette Deshoulières fit un séjour à Nyons, cette épître conjuguant culture littéraire et lyrisme ardent inaugure une série de pièces adressées à des femmes, souvent des jeunes filles. La destinataire, Philis de La Charce (1645-1703), était la fille de son amie Catherine Françoise de La Tour du Pin-Mirabel, avec laquelle la poétesse effectua un pèlerinage littéraire sur les bords du Lignon, en mémoire de *L'Astrée* d'Honoré d'Urfé. Protestante convertie au catholicisme, Mademoiselle de La Charce est connue de la postérité pour avoir pris la tête d'une armée populaire au service de Louis XIV en 1692, lorsque le Dauphiné fut envahi durant la guerre de la ligue d'Augsbourg ; Madame de Sévigné la surnomme la « guerrière Pallas » dans une de ses lettres.

2. La résurgence de la Sorgue, à Fontaine-de-Vaucluse, également décrite vers 34, qui est aussi la source symbolisant l'amour de Pétrarque et de Laure, évoqués vers 40, 41 et 48 : voir Ève Duperray, *L'Or des mots : une lecture de Pétrarque et du mythe littéraire de Vaucluse des origines à l'orée du XXe siècle*, 1997.

3. Antoinette Deshoulières sera atteinte d'un cancer du sein, diagnostiqué quelques années plus tard, dont elle meurt en 1694. La paresse, mentionnée au vers 3, relève davantage du topos littéraire, convoqué avec humour.

4. Le jeu consiste, avec sa jeune destinataire, à faire mine de refuser de décrire la fameuse fontaine. La poétesse commence par évoquer le paysage pastoral topique, sur le mode virgilien inversé « Je ne chanterai pas ».

5. Écho d'un vers de Marot (voir note 10, page 49), qui devient motif sous sa plume, notamment au vers 104 de l'épître chagrine adressée à la même jeune fille, ainsi que dans la fameuse querelle des ballades échangées avec Saint-Aignan, La Fontaine, etc., où il nourrit un double constat pessimiste : voir « À Caution tous amants sont sujets », « On n'aime plus comme on aimait jadis » et la note introductive de ces pièces. La mélancolie ici est plus intime, presque maladive.

6. Forme de l'adverbe « encore » souvent usitée par les poètes pour obtenir le mètre souhaité ou pour la rime, dont on trouvera plusieurs occurrences dans les textes.

7. Autre topos poétique, présent notamment chez Horace, Ovide et dans les élégies de Properce.

8. Vent doux et agréable. « Ce mot est plus de la poésie que de la prose » (*Dictionnaire de l'Académie française* de 1694, désormais abrégé en *DAF*).

9. La poétesse recourt plusieurs fois à cette image des oiseaux, doubles des amants.

*Page 38. II. Épître chagrine à Mademoiselle*****

1. Texte établi d'après *Poësies* 1688 (première parution de la pièce dans le *Mercure galant*, désormais abrégé *MG*, de novembre 1684, reprise dans plusieurs manuscrits et recueils, tels le manuscrit de Tallemant des Réaux ou le manuscrit Tralage, où elle porte le sous-titre « Sur les savans et les sciences »). Exemple de poésie traversée par la vivacité de l'oralité et l'âpreté de la satire – que rappelle l'expression « épître chagrine » empruntée à Scarron –, cette pièce engagée est adressée à Charlotte-Rose de Caumont La Force (1650-1724) : s'appuyant sur sa propre expérience de femmes de lettres, convoquée vers 21 et suivants et vers 126, la poétesse tente de détourner son interlocutrice d'une carrière semblable. Personnalité libre et conquérante,

à l'esprit remarqué, Mademoiselle de La Force allait pourtant composer des vers, des contes de fées et des romans ; elle est notamment l'auteur de biographies ou « histoires secrètes » de femmes illustres comme Marguerite de Valois ou Catherine de Bourbon : voir Charlotte Trinquet, « Mademoiselle de La Force, une princesse de la République des Lettres », 2010.

2. « Le bel esprit » est une expression d'emploi complexe à l'époque, de connotation tantôt laudative, tantôt péjorative, qui désigne ici la culture savante. Les « beaux esprits », selon le *Dictionnaire de l'Académie française* de 1694, étaient ceux qui se distinguaient du commun par la « politesse » (le caractère élaboré, poli) de leurs discours et de leurs ouvrages. L'expression est consacrée par la plume de la poétesse dans le très spirituel rondeau « Le bel esprit, au siècle de Marot ».

3. Mademoiselle de La Force était la fille du maréchal de La Force, protestant fidèle à la couronne royale, pair de France et mémorialiste ; sa naissance la dispensait, voire lui interdisait de faire carrière dans les lettres, mais elle pouvait s'y adonner pour se divertir : voir Denis Lopez, *La Plume et l'Épée : Montausier (1610-1690)*, 1990.

4. Lieu de retraite où l'on étudie.

5. Le pédant, prétentieux, inconvenant et importun, est la figure repoussoir de maints « vrais lettrés », de Boileau à La Bruyère.

6. C'est un nouveau monde éditorial empreint de vanité, où les prétendants auteurs sont nombreux, les libraires deviennent professionnels, et le lectorat critique prend une place prépondérante, que décrit ici la poétesse.

7. Le passage au style direct sans transition, et sans guillemets comme souvent dans les textes de l'époque, contribue à rendre l'épître très vivante et rappelle la brusquerie des épîtres du rival de la poétesse, Boileau. Le procédé de l'oralité permet en outre de faire sentir le tribunal public que constitue la société.

8. En votre présence, par opposition à « tout bas », vers 51.

9. Le modèle du vrai savant est, pour la poétesse, Montausier, qui allait mourir en 1690, et auquel elle dédie plusieurs poèmes.

10. Les trois Moires ou Parques, Clotho, Lachésis et Atropos, qui coupent le fil de la vie.

11. La source de la poésie, située sur le mont Hélicon, dans la tradition grecque.

12. Cette formule qui exprime avec force le caractère irrépressible de sa verve et sa vocation de poétesse n'est pas sans rappeler les « Je fais mille serments de ne jamais écrire » et « Aussitôt, malgré moi, tout mon feu se rallume » de Boileau (vers 26 et 29 de la satire II, à Molière).

Page 43. *III. Élégie*

1. Texte établi d'après *Poësies* 1688 (première parution dans le *MG* de juillet 1679). Rare pièce isométrique composée en alexandrins. Le destinataire de cette élégie très personnelle, « Licidas », est traditionnellement identifié comme le maître particulier de la poétesse, Jean Hesnault ou Dehénault (1611-1682), poète proche du philosophe libertin Pierre Gassendi, qui avait dispensé une instruction large à la jeune fille mariée à treize ans et restée à Paris chez ses parents, tandis que son époux suivait Condé dans la Fronde. Ces vers reprennent la leçon matérialiste empreinte d'un certain stoïcisme de son maître, qui avait lui-même écrit : « À des cœurs délicats, l'amour fait trop de peine / Iris, n'aimons jamais, c'est le meilleur parti » (*MG*, janvier 1678) ; ils en constituent peut-être d'ailleurs la réponse. Surtout, ils affirment avec force la vocation lettrée de la jeune femme, qui « chante tous les jours » (*MG*) et préfère « feindre » l'amour, c'est-à-dire le mettre en mots en composant des vers ; le constat des idylles sera énoncé sur un ton plus amer : « savoir vivre, c'est savoir feindre » (« Le ruisseau »).

2. C'est ce miroitement de l'amour, irrésistible et dangereux pour une très jeune fille, qu'évoquera Deshoulières dans la ballade à sa fille et dans la lettre à madame d'Ussé, fille de Vauban, mariée à quatorze ans. « Ris » est un terme poétique pour désigner les rires.

3. Les vers diffèrent dans le *MG* : « Insensible à l'honneur de fixer un Volage, / Ou de forcer d'aimer l'Âme la plus sauvage, / Je n'ai jamais tombé dans ces vaines erreurs. »

4. Le monde de la pastorale est convoqué pour exprimer le péril d'aimer.

5. Appâts : laissé dans l'orthographe initiale pour la rime ; on en trouvera de nombreuses occurrences.

6. Les vers diffèrent dans le *MG* : « Qu'on s'y trompe toujours, et qu'il faut s'alarmer / Dès qu'un Berger paraît propre à se faire

aimer. » La maîtrise de la raison sur le cœur vantée ici va à l'encontre de la leçon des idylles, qui pointent sa faiblesse, mais elle est affirmée dans la ballade « Il est saison de causer près du feu ».

7. Le vers diffère dans le *MG* : « De leurs tendres transports je vois la violence. »

8. La poésie.

9. Le vers diffère dans le *MG* : « Je chante tous les jours et pour, et contre lui » ; pour et contre l'amour, cette dernière expression, très ovidienne, servira d'inspiration à un rondeau.

Page 45. *IV. Épître chagrine à Mademoiselle de La Charce*

1. Texte établi d'après *Poësies* 1688 (première parution dans le *MG* de septembre 1685). Pour la destinataire, voir la note 1, p. 35. Portrait féroce et amusant d'une nouvelle génération de séducteurs, adossé, comme le revers d'un tableau, à la description nostalgique de l'ancienne société galante, cette épître fait la part belle à la parole vive et au dialogue fictif ; la poétesse a choisi les vers irréguliers, son mode favori d'expression poétique.

2. Cette « peinture vive et sincère » des vices, que Deshoulières n'a pas eu le temps de faire de vive voix au jeune fat, elle va maintenant la développer dans cette pièce, qui sera lue et dont l'effet sera démultiplié. Par là également, non sans faire preuve d'audace au regard de la position de modestie et de bienséance qui sied aux femmes, la poétesse rejoint la tradition, presque exclusivement masculine, de la satire : c'est d'ailleurs ce que lui reprochera à demi-mot, tout en louant son talent, Pierre Bayle dans son *Dictionnaire historique et critique* ; voir Volker Schröder, « Madame Deshoulières, ou la satire au féminin », 2013.

3. Échanger des bijoux, des chevaux, etc. : le caractère matérialiste de la nouvelle génération est ainsi souligné.

4. Variante sur le motif poétique de l'*ubi sunt*, issu du latin *Ubi sunt qui ante nos fuerunt ?* (« Où sont passés ceux qui furent avant nous ? »), repris notamment par François Villon dans sa *Ballade des dames du temps jadis*.

5. La génération de la Chambre bleue de la marquise de Rambouillet, cercle littéraire où se développa durant la première moitié

du siècle un art de la galanterie et de la conversation, est énumérée : deux ouvrages majeurs, de Miriam Maître et Delphine Denis, ont peint cet univers galant (voir Bibliographie sélective).

6. Périphrase poétique traditionnelle pour dire qu'on a trépassé.

7. Par un retournement rhétorique spectaculaire, Deshoulières s'accuse, avec les autres femmes, de la dérive qu'elle vient de dénoncer chez les jeunes gens, érigeant ainsi la femme – et l'éducation dont celle-ci porte la responsabilité – en clé de voûte de la société, tout comme le fera la marquise de Lambert dans un double traité adressé conjointement à sa fille et à son fils : voir Sophie Tonolo, « De la direction maternelle à l'art d'être grand-mère : l'éducation par la lettre vers 1690 », 2021.

8. Selon le *DAF*, lieu où plusieurs personnes ont coutume de se rendre pour converser, jouer, se divertir.

9. L'expression est lestée de sens chez Deshoulières, qui la rattache à la notion de bonheur animal : voir les idylles, dans la section 5, « Penser et combattre ».

10. Référence au rondeau de Marot, « Au bon vieux temps un train d'amour régnait » ; Boileau l'utilise aussi sur le mode héroï-comique dans le chant II du *Lutrin* (1672-1674) : « Hélas, qu'est devenu ce temps, cet heureux temps / Où les rois s'honoraient du nom de fainéants ? » Voir la note 6, p. 173.

11. On les exempte, on les dispense d'attentions, de fidélité.

12. Le Dauphiné, lieu retiré par rapport à la Cour, où vécut Mademoiselle de La Charce.

Page 50. *V. Portrait de Mlle de Vilenne fait par Mme Deshoulières*

1. Publication dans le *Recueil des portraits et éloges en vers et en prose, dédié à son Altesse royalle Mademoiselle*, 1659, puis reprise dans les *Poësies de Mme Deshoulières*, chez J. Villette, 1724-1725. Première œuvre publiée de la poétesse, cette pièce, probablement composée en 1658, s'insère dans un éventail de portraits donnés par « toutes les plus galantes dames du royaume », telles que Madame de Brégy, la comtesse de La Suze, Mademoiselle L'Héritier, ainsi que la dédicataire du recueil, Anne-Marie-Louise-Henriette d'Orléans, duchesse de Montpensier, fille de Gaston d'Orléans et cousine de Louis XIV, dite la Grande Mademoiselle. Séparée de biens avec son époux en

1658, Antoinette Deshoulières commence sa vie lettrée et reçoit à son domicile rue de l'Homme armé, situé rive gauche, non loin de la brillante cour du palais du Luxembourg de la duchesse. Pour ce recueil, elle composa aussi un portrait de François Payot de Lignières, poète libertin, « indévot mais non impie » à son image et à l'image de la plupart des figures qu'elle rassemblera dans son cercle. Le sujet de ce portrait-ci est Marie-Philoclée de Vilenne ou Vilaines, répertoriée avec sa mère dans le *Dictionnaire des précieuses* de Somaize (1660), dont la poétesse loue le charme physique mais surtout les qualités spirituelles.

2. « Peinture » se dit alors d'une description vive et naturelle de quelque chose.

3. Selon une convention poétique issue du monde pastoral, dans ce cercle et pour ce recueil, Marie-Philoclée est Phillis, et Lignières Tircis ; en un jeu triangulaire, caractéristique de la conversation galante, la poétesse prend à témoin une autre précieuse, nommée Amarillis, vers 16 et 60.

4. « Se prend parfois au sens de pudeur » (*DAF*).

Page 53. *VI. Épître à Madame de Maintenon*

1. Texte établi d'après *Poësies* 1688. Probablement contemporaine de la publication, cette pièce est adressée à Madame de Maintenon, née Françoise d'Aubigné (1635-1719) et veuve de Paul Scarron, présentée à la fois comme la « favorite » de Louis XIV, et comme l'éducatrice qui fonda en 1686 l'école de Saint-Cyr pour les jeunes filles. La fille de la poétesse, Antoinette-Thérèse, avait composé en 1687 une ode « sur le soin que prend le roi de l'éducation de la jeunesse », qui remporta le prix de poésie de l'Académie française (sujet imposé : « De l'éducation de la Noblesse dans les Écoles des Gentils-hommes & dans la maison de Saint Cyr »). Au-delà de la louange de sa destinataire et par rebond du roi, l'enjeu de la pièce, comme en témoignent les vers 14 à 17 et 59 à 68, porte sur la place des femmes dans la société et leur accès à la « carrière » littéraire.

2. Par référence au mythe de Pégase, la carrière poétique.

3. Caïus Cilnius Maecenas (70 av. J.-C. – 8 av. J.-C.), ou Mécène (vers 25), proche de l'empereur Auguste, qui soutint la cause des artistes, dont Horace ; la poétesse a composé une imitation de la première ode de celui-ci.

4. L'amoindrissement est bien ici figure de rhétorique ou méiose, puisqu'il sert dans les vers suivants à amplifier les mérites de l'objet d'abord dévalué.

5. Les jeunes filles éduquées à Saint-Cyr étaient souvent issues d'une noblesse très pauvre ; voir aussi le vers 49.

Page 55. *VII. Ballade. À Mademoiselle D*****

1. Texte établi d'après *Poësies* 1688. Publiée dans l'édition chez J. Villette de 1705 sous le titre « Ballade à ma fille », puis dans l'édition chez D. l'Aîné de 1747 sous l'intitulé « À l'une de ses filles, qui fut depuis devenue religieuse », la pièce a probablement été composée pour la fille de la poétesse, Antoinette-Claude (1659-1685), qui allait prendre le voile dans un couvent du sud de la France.

2. Pour ce genre poétique dont le modèle est médiéval, la poétesse opte pour un « vieux langage » recréé, comme elle le fera pour la querelle des ballades avec Saint-Aignan : les marqueurs en sont le lexique : « ores », « fieffé », « gabatine », etc., et surtout l'absence d'articles ou de pronoms sujets.

3. Antoinette Deshoulières reprend le motif de la rose, usé par les poètes, d'Horace à Ronsard, qu'elle fait sien à l'aide de la métaphore de l'amour-soleil, dans un développement quasi explicite sur la fleur de la virginité. C'est l'enchaînement fatal de la séduction, du flétrissement, du délaissement, de l'opprobre social qui est décrit strophe après strophe, jusqu'à l'« envoi » évoquant l'accouchement clandestin à travers la figure de Lucine.

4. « Faire rapine » : enlever par force.

5. Ces « donneurs de gabatine » auxquels la poétesse s'adresse directement sont littéralement des trompeurs, ce qui rappelle le refrain « Tous les hommes sont des trompeurs » de la ballade IX, « Votre bonne foi m'épouvante ».

6. L'emploi intransitif du verbe est alors en usage ; comprendre : « ce qu'on risque ».

7. Faire le coquet, la coquette.

8. Sans le faire tremper dans l'eau : image pour dire qu'on brûle les étapes, qu'on est imprudente.

9. Autre nom de Junon, déesse de la lumière, à qui l'on fait appel lors des accouchements.

Page 57. *VIII. Rondeau. À M. l'Abbé*****
Qui lui avait écrit qu'il n'y avait rien
De si triste qu'une extrême sagesse

1. Texte établi d'après *Poësies* 1688. Dédicataire inconnu.

Page 58. *IX. Ballade*

1. Texte établi d'après les *Poësies de madame Deshoulières*, chez J. Villette, 1695 (désormais noté *Poësies* 1695). Ballade en mode d'avertissement instructif destiné à une jeune fille.

2. L'image provient de l'églogue III des *Bucoliques* de Virgile ; elle est devenue une expression figurée pour désigner des choses dangereuses, mais dont le danger est caché sous une belle apparence (*DAF*).

Page 59. *X. Rondeau*

1. Texte établi d'après *Poësies* 1695. Pièce audacieuse, admirée de Valery Larbaud.

2. Le verbe, de connotation triviale, est un terme de cuisine ; au sens figuré, « se mitonner » veut dire « prendre soin de soi ». Si on lit bien les strophes suivantes, il est sans doute fait allusion à la masturbation de la jeune Iris, découvrant le plaisir, « entre deux draps ». Deshoulières l'utilise aussi dans la « Lettre en chansons » à son époux.

Page 60. *XI. Épître chagrine au très révérend*
père de La Chaise

1. Texte établi d'après *Poësies* 1695 (première parution dans le *MG* de mars 1692 ; c'est également l'une des pièces de la poétesse figurant dans le *Recueil de vers choisis*, 1693, du père Bouhours). Le destinataire de cette épître de tonalité satirique est François d'Aix, père de La Chaize (1624-1709), jésuite et confesseur de Louis XIV. Sur le mode habituel de ce genre poétique, vif, oralisant, dialoguant, qui apparente une nouvelle fois la poétesse au Boileau des épîtres – par exemple l'épître XII à l'abbé Renaudot, « Sur l'amour de Dieu » –, celle-ci pointe les faux dévots qui sont porteurs d'un système social fondé sur

l'hypocrisie, et le danger qu'ils représentent, en particulier pour les femmes. Le véritable destinataire de ce texte est bien le roi, dont la poétesse, réduite à la pauvreté (vers 39-40), espère un soutien financier : une première pension de mille livres lui est accordée en 1693.

2. Comme aux vers 20, 25, 27, etc., seul le verbe introductif indique qu'il s'agit d'un discours direct. Par ailleurs, la poétesse souligne qu'elle n'attaque pas *ad hominem*, conformément à l'esprit universel de la satire, mais contrairement à Boileau.

3. Référence à la carrière en tant que génie militaire de son époux, Guillaume de La Fon de Boisguérin (1621-1693), entré en service comme officier d'infanterie dès 1642, qui suivit d'abord Condé en Flandre en 1651, et dont les biens furent tous saisis pour trahison par le roi. Lors d'une audience privée, après l'emprisonnement du couple à la prison de Vilvorde et son évasion rocambolesque, le roi accorda le pardon. Le couple se sépara de biens, ce qui n'évita la pauvreté ni à l'un ni à l'autre.

4. Tromperie.

5. Le vers est pour le moins ironique, la poétesse ayant commerce depuis sa jeunesse avec les libertins athées, dont son maître Jean Hesnault. Elle anticipe d'ailleurs l'accusation au vers 132 en se qualifiant elle-même de libertine.

6. C'est-à-dire qui appartient à la société secrète du Saint-Sacrement, qui fit notamment interdire *Tartuffe* de Molière.

7. De « cagot », terme venu du béarnais où il signifie « lépreux », qui désigne le dévot hypocrite.

8. Nouvelle allusion de Deshoulières à sa liberté de croyance.

Page 66. *XII. Lettre à Madame d'Ussé fille de M. de Vauban*

1. Texte établi d'après *Poësies* 1695 (première parution dans le *MG* de février 1692). Cette épître initiatique est adressée à la fille du maréchal de Vauban, sous les ordres duquel servit l'époux de Madame Deshoulières : Jeanne-Françoise Le Prestre de Vauban (1678-1713) venait d'être mariée à quatorze ans au marquis d'Ussé, comme la poétesse l'avait été à treize. Composée sur le mode du conseil ludique, à double tranchant pour le père qui avait mandaté la poétesse pour assagir la jeune fille, la pièce se conclut sur une signature circonstanciée,

à la mode depuis les épîtres d'Eustache Deschamps (voir aussi la « Lettre en chansons »), mais ici de tonalité très ironique.

2. Nous choisissons la version figurant dans le *Recueil de vers choisis* du père Bouhours, 1693, p. 234 : « je » plutôt que « j'y ».

3. Elle voltige, se meut sans cesse. Le verbe est nouveau pour l'époque ; Féraud note dans son *Dictionnaire critique de la langue française* (1787-1788) que Deshoulières l'a employé.

4. Voir la note 2, p. 43.

5. Contre toute attente, la leçon de sagesse demandée par le père se transforme en défense de la jeune fille.

6. La comparaison n'est pas anodine : dans son idylle « Le ruisseau », Antoinette Deshoulières louera la liberté rencontrée dans la nature, qu'incarne le ruisseau, critiquant *a contrario* les contraintes que l'homme s'inflige à lui-même : voir la section 5, « Penser et combattre ». La jeune Jeanne-Françoise à l'esprit pétillant et à la vivacité joyeuse incarne cette liberté brimée.

7. Allusion aux activités incessantes du maréchal de Vauban, en tant qu'ingénieur militaire, et à la fortification de nombreuses places qu'il accomplit.

Page 69. *XIII. Vers allégoriques*

1. Texte établi d'après *Poësies* 1695. Probablement composée en 1693, un an avant sa mort, et dédiée à ses enfants dans les éditions suivantes, cette pièce en vers impair demeure célèbre tout au long du XVIIIe siècle : elle constitue un modèle dans le genre du style pastoral, comme le relève Kim Gladu (voir Bibliographie sélective). Les brebis sont la métaphore de ses enfants, livrés à la cruauté du monde ou rappelés prématurément au Ciel : le couple Deshoulières avait eu quatre enfants, dont deux probablement étaient déjà morts.

2. Le Dieu des pasteurs, peut-être l'allégorie du roi.

Page 71. *XIV. Lettre en chansons à Monsieur Deshoulières*

1. Publié dans l'édition des *Poësies* de 1705, t. I, p. 229 ; date probable de composition, 1677. Cette lettre est adressée par la poétesse à son époux, alors affecté à la surveillance de l'édification des

places fortes de Vauban. La forme de gazette ou succession de nouvelles, bien connue depuis la gazette en vers burlesques de Loret (1650-1665), est retravaillée sur le mode du pot-pourri de vaudevilles, rappelant le goût de la poétesse pour la musique. Plusieurs des airs utilisés, tels « Quelqu'un a dit à ma belle » ou « Peste du Jérémie », sont du maître de chant Bertrand de Bacilly (1621-1690), et sont recensés dans le *Recueil* ou le *Nouveau Recueil de vers mis en chant* (1661-1680) : voir le répertoire du Centre de musique baroque de Versailles, https://philidor.cmbv.fr/.

2. Motif, repris vers 34, qui rappelle l'univers de poètes burlesques tels que Saint-Amant ; voir note 3, p. 35.

3. « Faire carême » : ne pas manger de viande.

4. « Dodo », « bobo » : termes enfantins, employés également par Madame de Sévigné dans ses lettres. Cette veine enfantine et familière se poursuit dans la lettre vers 119-120, ou vers 156.

5. Divinité gracieuse des fleuves, des sources, des bois et des prairies.

6. Le maréchal de Vauban, qui sert le roi, évoqué vers suivant et vers 52 ; voir note 7, p. 68.

7. Illustration du « badinage » promis à l'ouverture de la lettre. Le mot, fécond sous la plume de la poétesse, l'affilie à Marot, au même titre que Voiture ou La Fontaine : voir Alain Génetiot, « L'élégant badinage : Marot, Voiture et La Fontaine », 2016.

8. Probablement Gand, Ypres et Puycerdan, que Louis XIV avait conquises en mars et en mai ; Cassel, évoquée vers 83, avait été remportée par Monsieur, frère du roi, en 1677. La paix de Nimègue sera signée en août 1678.

9. Le roi des dieux, Zeus, et le dieu de l'amour, Cupidon.

10. L'hôtel de Bourgogne, où résidait la troupe royale et où sont données, d'après Deshoulières, des pièces de Pierre Corneille, qu'elle admirait beaucoup, dont *Nicomède* (1651).

11. Robert Guérin (1554-1634), dit La Fleur ou Gros-Guillaume, célèbre comédien.

12. Probablement l'hôtel Guénégaud, où évoluait la troupe d'Armande Béjart.

13. « Dormir non plus qu'un lutin » se dit d'un homme très actif qui donne très peu de temps au sommeil (*DAF*).

14. L'objet de cette annonce fracassante, qui entretient le badinage

avec son époux, se révèle être sa chatte Grisette, vers 132, qui donnera lieu à une série d'épîtres célèbres : voir la section 3, « La plume à la patte ». Mais le jeu n'est pas tout à fait innocent, comme en témoignent les vers 141 à 146, qui révèlent des vers composés près du lit de la poétesse par un « bel esprit » jaloux de la chatte.

15. Allusion à la difficulté d'entretenir l'amour et le plaisir dans le mariage.

Page 78. *XV. Célimène. Églogue*

1. Texte établi d'après *Poësies* 1688. Marot et les poètes de la Renaissance ont remis à l'honneur le genre de l'églogue. La poétesse opte encore pour un vers impair, l'heptasyllabe.

2. Motif traditionnel de la pastorale, dont le modèle est *L'Astrée*, d'Honoré d'Urfé (1607-1627).

3. Ancien instrument, voisin de la cornemuse, pratiqué par les bergers. Ce vers et le suivant diffèrent dans le *MG* de septembre 1682 : « Je briserais ma musette / S'il était un imposteur. »

4. Bâton du berger, qui était muni à son extrémité d'une petite gouttière en fer pour lancer des mottes de terre ou des pierres aux moutons qui s'écartaient du troupeau.

5. Voir la note 5, p. 72.

6. Variante sur « l'heureux temps » (voir les pièces I, II et LXIII), désignant cette fois son époque, ce qui actualise le motif pastoral.

II. CHANSONS, BALLADES, RONDEAUX...

Page 83. *XVI. Chanson*

1. Texte établi d'après *Poësies* 1688 (première publication dans le *MG* de février 1678, sous le titre « Air nouveau »).

Page 83. *XVII. Ballade*

1. Texte établi d'après *Poësies* 1688. Le modèle en est sans doute l'épode XIII d'Horace, *Horrida tempestas coelum contraxit* (« La saison rude a rétréci le ciel », Les Belles Lettres, 1929). Mais l'inspiration est

plus proche d'un air à boire, ou chanson bachique, dont la mode est grande à l'époque, comme en témoignent les *Recueils d'airs sérieux et à boire* de Christophe Ballard (1695-1724) : voir Anne-Madeleine Goulet, *Poésie, musique et sociabilité au* XVIIe *siècle : les livres d'airs de différents auteurs publiés chez Ballard de 1658 à 1694*, 2004.

2. Traditionnelles images poétiques pour désigner le soleil (Phébus) et le vent du nord (Aquilon).

3. Courroux, colère.

4. L'absence de pronom sujet confère une tonalité archaïque à la langue, comme souvent chez Deshoulières.

5. Vieille expression signifiant « tourmenter », mais employée par Rabelais avec une connotation sexuelle.

Page 85. *XVIII. Chanson*

1. Texte établi d'après *Poësies* 1688. On est ici du côté de l'air sérieux et dans l'univers de la pastorale.

2. Le rossignol, ou Philomèle, emblème de l'amour et du poète, est présent dans la poésie latine, de Catulle à Ovide, puis dans la littérature pastorale. Les noms propres Iris, Tircis, Célimène, etc., en sont aussi issus.

Page 85. *XIX. Rondeau*

1. Texte établi d'après *Poësies* 1688 (première publication dans le *MG* de juillet 1677). La poétesse brode sur le *Remedia Amoris* (« les remèdes contre l'amour » ou « l'art d'aimer ») d'Ovide, cité vers 8.

2. La faiblesse de la raison humaine est un motif deshouliéresque : voir l'idylle « Les moutons », vers 15-17.

Page 86. *XX. Madrigal*

1. Texte établi d'après *Poësies* 1688. Le madrigal est un petit poème galant ingénieux, très en vogue à la Chambre bleue, où il est composé en l'honneur de Julie de Montausier, et souvent mis en musique.

Page 86. *XXI. Chanson*

1. Texte établi d'après *Poësies* 1688 (première publication dans le *MG* de mars 1678, sous le titre « Air nouveau »).

Page 87. *XXII. Ballade*

1. Texte établi d'après *Poësies* 1688 (première publication dans le *MG* d'octobre 1682). Cette pièce, de style volontairement archaïque, rappelant l'esprit de Marot et de Voiture à la Chambre bleue, puise son inspiration dans l'air à boire (refrain) et dans la poésie burlesque (vers 19). Elle peut aussi être lue comme un avertissement à destination des jeunes filles : voir la section 1, « Être femme ».
2. Prénom de fille, diminutif de Catherine (*Dictionnaire français* de Richelet, 1680).
3. Se dit de ceux qui sont décorés d'un titre ; comprendre que la tendresse n'est que façade.
4. Le myrte, symbole d'amour, se transforme en cyprès, symbole fatal : les jeunes épouses souhaitent la mort de leurs époux.
5. Papiers mensongers ; les termes sont de registre burlesque.

Page 88. *XXIII. Iris. Églogue*

1. Texte établi d'après *Poësies* 1688 (première publication dans le *MG* de décembre 1684). Cette églogue fait pendant à l'églogue « Célimène » (XV).
2. Le chien du berger Tirsis.
3. Voir note 3, p. 79.
4. Le poème de bergerie est actualisé par la mention du fleuve parisien.
5. Le myrte, abrisseau toujours vert, symbole de l'amour : Philène, heureux en amour, n'a cependant pu vaincre le penchant d'Iris pour le cruel Tirsis.
6. Le pipeau est une flûte champêtre, autre instrument attribut du berger, mais à connotation souvent sexuelle.
7. Correspondance de la nature avec l'état du cœur : l'hiver a signé la fin des amours.

8. Voir la note 2, p. 83.
9. Motif poétique du *Tempus fugit*.

Page 91. *XXIV. Chanson*

1. Texte établi d'après *Poësies* 1688.

Page 92. *XXV. Ode à Climène*

1. Texte établi d'après *Poësies* 1688. La destinataire de cette ode, Climène, pourrait être Anne de La Vigne (1634-1684), proche de Madeleine de Scudéry et de l'académicien Paul Pellisson, réputée pour son esprit – elle était cartésienne – et ses vers parus dans des recueils collectifs ; elle intégra l'Académie des Ricovrati, à Padoue, comme Deshoulières. La pièce, composée en quatrains heptasyllabiques, développe un jeu très virtuose de voix enchâssées.
2. Voir la note 2, p. 43.
3. Comme dans la pièce précédente, la bergerie est actualisée et transplantée dans l'univers de la Cour.
4. Lieu retiré du monde, loin de la Cour.
5. Personnages du *Roland furieux* de l'Arioste (début XVIe siècle), cité ici pour l'univers de chevalerie qu'il développe et que prise la poétesse, mais peut-être aussi comme modèle linguistique : d'abord paru en dialecte, l'ouvrage fut transcrit en toscan littéraire. Madame Deshoulières avait pu le lire dans le texte puisqu'elle savait l'italien.
6. Philippe Desportes (1546-1606), poète maniériste, auteur notamment d'un célèbre sonnet sur l'aurore, accusé par Malherbe d'italianiser la langue française. L'ode fait référence implicitement au sonnet XLV des *Amours d'Hippolyte* : « Mais j'ai beau me cacher, je ne puis me sauver / En désert sauvage ou si basse vallée / Qu'Amour ne me découvre et ne me vienne trouver. »
7. Transformation du vers en sentence proverbiale : voir aussi les vers 93, 105-106, 111-112, 123-124. Procédé souvent utilisé par la poétesse : voir notamment les idylles.

Page 97. *XXVI. Rondeau*

1. Texte établi d'après *Poësies* 1688 (première publication dans le *MG* d'août 1677). Les deux premières strophes furent mises en musique par Jean-Baptiste Cappus en 1694 et publiées dans le *Livre d'airs de différents auteurs*, chez Ballard la même année.

Page 98. *XXVII. Rondeau*

1. Texte établi d'après *Poësies* 1688 (première publication dans le *MG* d'août 1677). Sur le « bel esprit », voir note 2, p. 38. Pièce d'inspiration marotique comme les ballades « Il est saison de causer près du feu », « Dans ce Hameau, je vois de toutes parts » et le rondeau « Coiffé d'un vilain bonnet gras ». C'est encore une variation sur l'heureux temps qui n'est plus, où le poète, par un système de protection, se faisait rétribuer pour ses vers.

2. Expression burlesque qui signifie « faire vivre, procurer de quoi subsister ». Le lexique trivial est abondant dans les vers suivants.

3. Le vers diffère dans le *MG* : « Heureux encor d'une telle pitance. »

4. Au sens de « tête » : le *DAF* remarque déjà qu'il ne se dit plus guère qu'en poésie.

5. Le vers diffère dans le *MG* : « Le Fort est riche, et nous voyons capot ». « Faire capot » est une expression de jeu de cartes : comprendre que le bel esprit a passé.

Page 98. *XXVIII. Chanson*

1. Texte établi d'après *Poësies* 1688.

2. Le suicide du berger trahi est courant dans l'univers de la pastorale, ici parodié.

Page 99. *XXIX. Madrigal*

1. Texte établi d'après *Poësies* 1688.

2. Pipeau champêtre qui sert d'allusion sexuelle.

Page 100. *XXX. Stances*

1. Texte établi d'après *Poësies* 1688. Vers rappelant ceux d'*Adonis*, de La Fontaine (vers 128-134), qui inspirèrent ensuite Voltaire dans *La Henriade* (chant IX).

Page 101. *XXXI. Chanson*

1. Texte établi d'après *Poësies* 1688. Mis en musique en 1682 par un compositeur anonyme, et répertorié dans le *Livre d'airs* de Ballard.

Page 101. *XXXII. Chanson*

1. Texte établi d'après *Poësies* 1688. Mis en musique en 1691 par Michel Lambert (1610-1696), et répertorié par Ballard.

Page 102. *XXXIII. Air*

1. Texte établi d'après *Poësies* 1695 (première publication dans le *MG* d'août 1691 sous le titre « Air nouveau » ; « bocage » remplaçant « feuillage » vers 1). Mis en musique en 1692 par M. Lambert, et répertorié par Ballard.

Page 102. *XXXIV. Rondeau*

1. Texte établi d'après *Poësies* 1695. L'inspiration puise chez Marot mais aussi dans le tableau de la débauche tel que composé par Saint-Amant et les poètes burlesques.
2. Ses excréments.
3. Variante du juron « Mort de Dieu ».

Page 103. *XXXV. Air*

1. Texte établi d'après *Poësies* 1695.

III. LA PLUME À LA PATTE

Page 107. *XXXVI. Lettre de Gas, Épagneul de Madame Deshoulières, à Monsieur le Comte de L.T.*

1. Texte établi d'après le *MG* de 1672 (également dans le manuscrit Conrart 5418 conservé à la bibliothèque de l'Arsenal, avec la qualité du destinataire précisée : « comte de La Tour », probablement de la famille La Tour Gouvernet de La Charce, proche de la poétesse). Date de décembre 1671 dans le recueil Moetjens, de 1694. Cette épître en vers inaugure une série de pièces divertissantes dont les locuteurs sont des animaux, mettant en scène, souvent sur un ton parodique, les sentiments et les codes des galants mais également certaines positions morales, philosophiques et esthétiques qui s'affrontaient dans la société mondaine : athéisme et bigoterie, cartésianisme et anticartésianisme, Anciens contre Modernes. Voir la section 5, « Penser et combattre ».

2. Les Blondins sont des « jeunes galans qui font les beaux » (*DAF*).

3. Nom emprunté à la pastorale tragi-comique du *Pastor fido* (1590), de Guarini, que se donne la poétesse.

4. Réputation d'insensibilité choisie, que rappelle Deshoulières dans l'« Épître à Mlle de La Charce » et dans l'« Élégie » à Jean Hesnault.

5. Cupidon.

Page 109. *XXXVII. Lettre de Gas, Épagneul de Madame Deshoulières, à Courte-Oreille, Tourne-broche de M. *****

1. Texte établi d'après le *MG* de 1672. Le propriétaire de Courte-Oreille n'est pas identifié. Un tournebroche était par définition un chien qui faisait tourner la broche à rôtir en courant à l'intérieur d'une roue ; d'après les vers 4 et 19, le chien a évolué en condition, devenant chien de chasse.

2. Vieux mot : louange.

3. Voir la note 2, p. 107.

4. Variante d'Amarille : voir la note 3, p. 108.

5. Est-ce un lointain rappel de la condition de Vincent Voiture, l'habile poète de la Chambre bleue, dont le père était marchand de vin, ce qui lui avait valu quelques railleries ? La question de la supériorité de l'esprit sur la condition est ainsi posée.

Page 110. *XXXVIII. Apothéose de Gas mon chien, à Iris*

1. Texte établi d'après *Poësies* 1695. Date de composition probable : 1672.

2. Le mont Parnasse (« mont sacré », vers 51), consacré à Apollon et aux neuf muses, où se trouve la source de la poésie, Hippocrène (vers 10).

3. Louis XIV, que la poétesse compare traditionnellement à Alexandre, « vainqueur d'Arbelles ».

4. Apollon, comme explicité ensuite. On peut lire ces vers comme le récit allégorique (et burlesque) de l'entrée en poésie de Deshoulières, et des résistances qu'elle rencontra (vers 43-44).

5. Muse de la poésie lyrique.

6. Nom fictif de la poétesse : voir les deux pièces précédentes.

7. Constellation du Grand ou du Petit Chien : jeu de mots également employé dans les épîtres suivantes.

8. « En parlant des chiens qui se jettent sur les animaux ou sur les personnes » (*DAF*).

9. Terme péjoratif désignant un « écolier ignorant », un « auteur médiocre et prétentieux » (*DAF*).

10. Jeu de mots sur « précieux » : Gas devient le cerbère des précieuses, puis, vers 59, le cerbère du Parnasse.

11. Les neuf muses plongent le chien dans le fleuve des Enfers pour le rendre invulnérable : parodie du mythe d'Achille.

12. Ce chien qui repousse les mauvais poètes, ici catégorisés, rappelle Boileau qui trie le Parnasse, distinguant bons et mauvais poètes ; un Boileau qui se compare lui-même à un chien poursuivant sa proie dans sa satire VII.

13. Pour compléter la rime, on peut lire : « Je suis des amis *de Malherbe*. »

14. Comme souvent chez Deshoulières, la parodie est ambiguë : certes Gas est son chien, certes il mord les mauvais poètes, mais il

sert aussi la critique d'un monde lettré désormais régi par des lois arbitraires.

15. Le vers final manque.

Page 113. *XXXIX. Épître de Tata, Chat de Madame la Marquise de Montglas, à Grisette, Chatte de Madame Deshoulières*

1. Cette épître et les suivantes sont établies d'après *Poësies* 1695 (première publication dans l'« Extraordinaire » du *MG* d'octobre 1678), à l'exception des pièces XLI à XLIV, dont le texte se réfère au *MG* d'octobre, p. 299 à p. 312. Il est possible qu'Antoinette Deshoulières ait composé l'ensemble, écrivant pour la marquise de Montglas ou la marquise de Béthune, selon un usage qui avait cours à la Chambre bleue et dans les cercles mondains. Quand ce ne serait pas le cas, il est cohérent de présenter ces vers rassemblés comme lors de leur parution. La marquise de Montglas était Cécile-Élisabeth Hurault de Cheverny (1618-1695), dont l'époux recevait au château de Cheverny. Le fait de prêter plume et voix à des animaux s'inscrit dans une tradition littéraire héritière des poètes latins Ovide et Catulle, en particulier dans la continuité de Lemaire de Belges et ses *Épîtres de l'amant vert* (un perroquet), ou de Madeleine de Scudéry, sa pigeonne et ses caméléons. Le choix d'une chatte n'est pas anodin. Dans l'« Apologie de Raymond Sebond », Montaigne s'interroge : « Quand je me joue à ma chatte, qui sait si elle passe son temps de moi plus que je ne fais d'elle ? » La Fontaine compose la fable « La femme métamorphosée en chatte », qui lie l'animal aux notions de naturel et d'érotisme, et l'ensemble des fables prête voix aux animaux. La société de l'époque discute la thèse de « l'animal-machine » de Descartes, à laquelle s'oppose justement La Fontaine, tout comme Madame de La Sablière. Les contes de Perrault, familier de Deshoulières à la tête des Modernes, comme ceux de Madame d'Aulnoye ou de Mademoiselle de La Force établissent une continuité entre humains et animaux. Voir la section 5, « Penser et combattre ».

2. Le texte n'a visiblement pas été publié. A-t-il existé d'ailleurs ? Deshoulières crée ainsi une impression de correspondance réelle, prise dans son cours. Un « compliment » désigne alors toute parole civile. Les épîtres parodient les échanges mondains et galants, tout en tirant parti d'une observation attentive des animaux.

3. Allusion aux chats de gouttière, de basse extraction : le jeu de mots sera repris dans les pièces suivantes.

4. Le chat a été probablement castré… par un homme, ce qui mêle de façon divertissante humains et animaux dans ces jeux de séduction, rappelant la fin de la « Lettre en chansons ».

Page 115. *XL. Réponse de Grisette à Tata*

1. La poétesse joue sur les mots « grisette », « chatte » et « tata » : une grisette était une jeune fille de basse condition, une chatte se disait d'une personne friande de mets délicats, et *tata* était un terme enfantin servant à désigner la lisière qu'on attachait au dos des enfants apprenant à marcher et, par extension, un père nourricier, un pédagogue (*DAF*).

2. La castration, dont il a été question à la fin de l'épître précédente.

3. Madeleine de Scudéry avait instauré dans son roman *Clélie* une querelle sur « les femmes qui font les plus grandes amoureuses » : ces joutes animalières rejouent des disputes littéraires, galantes ou plus philosophiques.

4. Voir l'« Élégie » à son maître Jean Hesnault.

5. La galanterie est commerce amoureux, au sens propre, art de séduction par les mots.

6. Probable pastiche des courriers qui arrivent au *MG*, lorsqu'une publication connaît le succès. On peut aussi lire cette série d'épîtres comme un roman par lettres, les animaux s'écrivant dans un entrelacs de relations : voir Sophie Tonolo, « Rhétorique du cœur et écriture intime : l'art épistolaire d'Antoinette Deshoulières », 2012.

Page 116. *XLI. Blondin, à sa voisine Grisette.* *Blondin, chat des J… à sa Voisine.* *Sur les Rimes de la Pièce précédente*

1. Le titre est explicité dans l'édition chez D. l'Aîné de 1747, t. I, p. 64 : le « J » désigne les Jacobins de la rue Saint-Honoré, ce qui ne laisse pas d'être comique, le chat de ces religieux étant un « blondin », c'est-à-dire un galant qui fait le beau.

2. « Faire (grand) fracas dans le monde », c'était y paraître avec beaucoup d'éclat (*DAF*).

3. Blondin oppose la chatte, friande d'aventures amoureuses, et sa sage maîtresse, Antoinette Deshoulières, dont il dresse au passage un portrait éloquent.

Page 118. *XLII. Dom Gris, chat de Mme la Duchesse de Béthune, à Grisette*

1. Marie Fouquet, mariée au duc de Béthune, fille du surintendant des Finances Nicolas Fouquet. Le nom « Dom Gris » évoque des attaches espagnoles et nobles.
2. Blaise Berthod, encore écrit « Bertaut », dit « le châtré », était l'un des plus célèbres hautes-contre de l'époque ; Dom Gris vient de faire allusion à la castration de Tata, vers 9.
3. Les précieuses ont une réputation soit d'abstinence sexuelle, soit de lesbianisme.
4. « On fait la chattemite quand on affecte une contenance double, humble et flatteuse pour tromper autrui » (*DAF*).
5. Adoptez une autre attitude, un autre train avec moi.
6. Le mot désigne une assemblée nocturne de sorciers, mais aussi le tapage nocturne des chats, évoqué dans les trois premiers vers de l'épître suivante.

Page 120. *XLIII. Mittin, Chat de Mlle Bocquet, à Grisette*

1. L'une des deux sœurs Bocquet, précieuses qui fréquentaient le cercle de Madeleine de Scudéry. « Mite » était le nom populaire du chat, que l'on retrouve dans « chattemite », d'où le nom propre « Mittin ».
2. Jeu de mots : le bruit désigne aussi la réputation, le renom.
3. Justification de son nom ; les jeux de mots se poursuivent vers 30 et 62.
4. Instruit : l'emploi du participe passé « appris » en ce sens court jusqu'au milieu du XVIIIe siècle.
5. « Donner un coup de griffe » se disait déjà d'un auteur qui en attaquait un autre.
6. Parodie du petit présent galant.

Page 123. *XLIV. Régnault, chat des A****, à Grisette*

1. L'épître devient billet épigrammatique : elle parodie le motif poétique des vers qui sont des enfants.

Page 123. *XLV. Seconde lettre de Tata à Grisette*

1. Explicitation de la dispute sur la différence entre une coquette et une précieuse, amorcée dans les épîtres précédentes : les textes permettent de répondre aux accusations de coquetterie déguisée ou d'hypocrisie auxquelles étaient en butte les précieuses.
2. Voir note 7, p. 56.
3. Épouse de Lucius Tarquinius Collatinus, modèle de la femme forte vertueuse au XVIIe siècle : voir le vers 23 de la pièce suivante, rappelant le nom de Sextus Tarquin qui avait violé la jeune femme.

Page 125. *XLVI. Réponse de Grisette à Tata. Sur les mêmes Rimes*

1. L'amitié tendre, prônée par Madeleine de Scudéry.
2. Défense du savoir dispensé avec enjouement, par opposition à celui des pédants.

Page 127. *XLVII. Brunaut, Matou banal des environs d'Argentan, à l'aimable Grisette, chatte de Madame Deshoulières*

1. Publié plus tardivement, dans le *MG* d'avril 1679, où il est attribué à un certain Monsieur d'Abloville, ce texte n'est probablement pas de la plume de la poétesse, mais il clôt la première partie de la série.
2. Le *Mercure galant*, qui était distribué en province.
3. Simple fantassin, soldat.
4. Surnoms populaires du chat.
5. Allusion à l'un des sens de « tata » : précepteur.
6. Coup de poing, bataille.

Page 129. *XLVIII. Grisette*
À Monsieur le Maréchal de Vivonne, qui Faisait semblant de croire que Madame Deshoulière savait fait un mauvais Rondeau qui courait le monde.
Épître

1. Louis-Victor de Rochechouart, duc de Mortemart et maréchal de Vivonne, frère de la Montespan (1636-1688), était un proche de la poétesse, comme en témoigne l'épître « Qu'il fait beau faire voyage » qu'elle lui adresse (voir la section 4, « Dans le monde »). Il fut général des galères en 1669, blessé lors du passage du Rhin en 1672, et participa à la révolte de Messine contre les Espagnols en 1674 ; allusion est faite à ses campagnes militaires, vers 64. Cette réponse à une accusation feinte, au sujet d'un mauvais rondeau qu'aurait composé la poétesse, fait partie du badinage.

2. Bien que jouée, cette colère en dit long sur l'importance que la poétesse accordait à sa réputation d'auteur.

3. On se trompe d'auteur.

4. Comme « donner un coup de griffe », « donner un coup de patte » signifie alors lancer un trait vif et malin contre une personne.

5. Comme nous l'avons vu, Amarille est le surnom de la poétesse, qui défend encore ici sa position d'auteur.

Page 132. *XLIX. Épître de Cochon,*
Chien de Monsieur le Maréchal de Vivonne à Grisette

1. « Un gros crevé » se disait familièrement d'un gros homme, qui mangeait beaucoup.

2. Amorce des jeux de mots sur le chien cynique, mordant, qui courent sur tout l'échange de lettres.

3. La grisette, femme débauchée, s'oppose aux précieuses aux noms de pastorale, Cloris, Amarante, Silvie.

4. L'aversion naturelle entre les chats et les chiens.

5. L'épître se termine comme une chanson, qui pastiche

l'injonction du poète latin Catulle à Lesbie : « Vivons pour nous aimer, ô ma chère Lesbie ! »

Page 133. *L. Réponse de Grisette à Cochon*

1. Nom de l'hospice pour les fous.
2. La constellation du Grand ou du Petit Chien.
3. Isaac de Benserade (1612-1691), poète galant et auteur de ballets de cour, reçu à l'Académie française en 1674, dont les vers sont associés à ceux de la poétesse dès le recueil de la Grande Mademoiselle.
4. Le proverbe est déjà enregistré dans les dictionnaires : « vous y seriez mal reçu ».
5. Expression des épistoliers mondains, pour dire qu'on écrit rapidement, en improvisant, négligemment.

Page 135. *LI. Réponse de Cochon à Grisette*

1. « Rejeter avec dureté, avec rudesse » (*DAF*).
2. Aux sens propre et figuré.
3. Selon le *Dictionnaire universel* de Furetière (1690), le cygne est l'oiseau du poète.
4. « Qui a rapport au chien » (*DAF*) ; allusion également à la secte philosophique de Diogène, fondée par Antisthène au Ve-IVe siècle av. J.-C. : les philosophes cyniques opposaient la nature, dont ils se réclamaient, à la science et aux conventions sociales, et défendaient une vertu austère ; on leur reprochait d'être mordants et sans pudeur, comme les chiens, titre qu'ils revendiquaient par provocation. Tous ces aspects sont repris dans les premiers vers de l'épître suivante.
5. Allusion parodique à l'« animal-machine » de Descartes.
6. Nouvelles allusions à l'embonpoint du maréchal de Vivonne.

Page 137. *LII. Réponse de Grisette à Cochon*

1. Philosophes cyniques.
2. À la philosophie grecque sérieuse, Grisette oppose la mythologie égyptienne, ce qui l'apparente aux Modernes. Dans la mythologie grecque, les Titans furent punis par Zeus pour avoir tenté

d'approcher les dieux en escaladant les cieux ; Grisette poursuit la fable en imaginant les dieux se réfugier sur terre, en Égypte, ce qui lui permet de se dire descendante de la déesse Bastet qui prit l'apparence d'une chatte (vers 41-42).

3. Les déesses et les dieux.

4. Ces vers laissent penser que le maréchal de Vivonne est bien l'auteur de la réponse de Cochon, mais rien ne permet de l'affirmer avec certitude, tant était répandue la pratique pour les poètes de prêter leur plume.

5. Allusion aux accusations de Tata.

6. Après avoir présenté sa posture de modestie, comme il sied à une femme, la poétesse définit son éthique, qui est mesurée et souriante, par opposition au cynisme mordant du satirique Boileau, avec lequel elle entend sans doute rivaliser dans ces années. Boileau faisait en effet scandale en publiant ses satires, pratiquant souvent la critique *ad hominem*. Il réglera ses comptes avec la poétesse à travers le personnage de la précieuse de la satire X sur les femmes, publiée en 1694, juste après la mort de celle-ci. Sur l'ethos de Deshoulières satirique et sa rivalité avec Boileau, voir Volker Schröder, « Madame Deshoulières ou la satire au féminin », déjà cité.

Page 140. *LIII. Réponse de Cochon à Grisette*

1. Dictionnaire.

2. S'agit-il de Louise Moillon, peintre de natures mortes, qui avait épousé un marchand de bois, Étienne Girardot, ou d'une déformation du nom du peintre hollandais, « Gérard Dou » ?

3. Descendants de Vénus, avec un jeu de mots possible sur le sens de la maladie sexuelle.

4. Baal, dieu associé à l'orage et à la fertilité.

5. À la « Déité de Bale » (vers 33), Cochon oppose le dieu de l'embaumement, Anubis : un cynocéphale avait pour mission de garder les lieux sacrés et de détruire les ennemis de la lumière.

6. Génies de l'air, dans certaines mythologies. Cochon recourt à une imagerie pour le moins syncrétique.

7. Une apparence étrange, extravagante.

8. Cochon critique la référence de Grisette, Ovide et ses

Métamorphoses : pourtant, selon ce récit, Artémis était identifiée à une chatte. Cochon se moque encore d'Ovide et de Grisette vers 69.

9. Allusion à Procyon, étoile de la constellation du Petit Chien, citée vers 66 ; « l'Étoilé lambris », vers 72, est une image précieuse désignant le ciel.

10. Cerbère, gardien des enfers (voir vers 67), Bélial étant le chef des démons.

Page 143. *LIV. Réponse de Grisette à Cochon*

1. Par cette dernière épître, la chatte Grisette rend les armes ; cet épisode fera l'objet d'une tragédie héroï-comique en un acte, composée par la fille de la poétesse, Antoinette-Thérèse Deshoulières : *La Mort de Cochon, chien du maréchal de Vivonne* (publiée dans *Poësies* 1695).

2. Référence parodique probable à la querelle des Anciens et des Modernes.

3. La folie de la généalogie s'était emparée de l'époque : d'où l'allusion vers 29 à la famille d'Hozier (Pierre d'Hozier, Charles d'Hozier, etc.).

4. Sont récapitulées les trois identités « canines » de Cochon : étoile du Petit Chien, Cerbère et double de Vivonne, auquel Grisette remet symboliquement les lauriers de poète, vers 97.

5. Vénus ; le temple d'Érice, cité vers 77, est celui de Vénus.

6. Constellations.

7. Grisette termine par la référence à la fable d'Ésope, « La chatte et Aphrodite », qui a inspiré La Fontaine.

8. Le fleuve de la poésie ; les « fleurs » du vers suivant sont celles de poésie également.

IV. DANS LE MONDE

Page 149. *LV. Préface*

1. Texte établi d'après *Poësies* 1688 ; la poétesse n'activa le privilège accordé par le roi le 19 juin 1678 (au moment de la parution de nombreuses pièces dans le *Mercure galant*) qu'en 1688 pour constituer

un recueil marquant de façon déterminée son entrée dans le champ lettré. Dans cette préface « livrant » ses œuvres au monde selon une tradition horatienne, que reprendra également Boileau dans son épître X (« Allez, partez mes vers »), elle affiche son ambition en se plaçant, directement mais avec modestie, sous la tutelle royale.

2. Le terme est intéressant car il affecte une négligence de convention pour une personne issue de la noblesse, qui plus est une femme, composant des vers.

Page 150. LVI. Épître de Madame Deshoulières au roi, sur son voyage de Flandre en l'année 1684

1. Texte établi d'après *Poësies* 1688 (première publication dans le *MG* de mai 1684). Comme le rappelle Volker Schröder dans « "Le grand nom de Louïs mélé dans mes ouvrages" : la place du roi dans les *Poésies* de Mme Deshoulières » (2019), l'Éloge historique présent dans les éditions du siècle suivant précisera que la poétesse avait différé la parution de ses œuvres afin d'écrire à la louange du roi, exercice auquel la plupart des poètes se livraient alors – Boileau notamment avait dédié ses épîtres I, IV et VIII, en 1672, 1674 et 1677, au roi, qui le nomme « historiographe » en 1677. Deshoulières opte donc pour une stratégie d'auteur. Cette pièce de circonstance, composée lors du siège du Luxembourg le 22 avril 1684, adopte une tonalité élevée propre au registre encomiastique.

2. Au sens de « dépasser ».

3. Étrangères.

4. La poétesse joue sur le double sens de « cœur », qui désigne ici les plus courageux.

5. Déesse de la guerre.

6. Zeus. Est ensuite évoquée la révolte des Titans contre Cronos, qui avait mutilé leur père : ils furent vaincus par Zeus, fils de Cronos.

7. Ce vers et les suivants, qui créent une impression d'impromptu, semblent imités de la fin de l'épître IV de Boileau, mais ils sont aussi une tradition dans le genre de l'épître en vers : l'épistolier clôt son propos en soulignant qu'il est rattrapé par la réalité qui l'interrompt (la faim, le sommeil, la poste et, ici, la sonnerie de la victoire).

Page 153. *LVII. Ode au roi*

1. Texte établi d'après *Poësies* 1688 (première publication dans le *MG* de juin 1685). La pièce est composée alors que le doge de Gênes arrive à Versailles en mai pour une visite d'allégeance au roi (voir les 3e, 7e et dernière strophes) : Gênes servait en effet de base armée pour l'Espagne, en guerre contre la France, et Louis XIV venait de la bombarder en guise d'avertissement.

2. Le vers diffère dans le *MG* : « Est pour qui le célèbre un héros redoutable. » La poétesse utilise dans le vers suivant la traditionnelle métaphore du nocher, dont le vaisseau se brise sur un écueil.

3. Sont évoqués le passage du Rhin (1672), la conquête de la Franche-Comté (1674), les victoires dc Tunis et d'Alger (1683, 1684) et la prise de la place du Luxembourg (1684).

4. Le 18 octobre, le roi révoquera l'édit de Nantes, ce qui fait l'objet d'une autre ode, « L'Erreur, féconde en attentats » (*MG*, 1686) : voir l'édition *Poésies*, Garnier, 2010.

Page 157. *LVIII. À Monsieur de Pointis, commandant une Galiote nommée la Cruelle*

1. Texte établi d'après *Poësies* 1688 (première publication dans le *MG* de 1682). Le destinataire de cette ballade en vieux langage est Jean-Bernard-Louis Desjean, baron de Pointis (1645-1707), qui dédia un récit de guerre à la fille de la poétesse, Antoinette-Thérèse, et participa au bombardement de la ville d'Alger. Une galiote était une galère royale.

2. La tradition – ou la propagande royale – rapportait que, durant le siège, le bey d'Alger aurait usé de projectiles humains pour se défendre.

3. Dans le même *MG*, figure une relation en prose de la bataille par le baron.

4. Abraham Duquesne (1610-1688), officier de la marine royale sous les ordres duquel le baron de Pointis servit.

5. Au lieu de « naviguer », mis pour la rime.

6. Le ton de la ballade sert la propagande politique et religieuse du roi.

7. Charles Quint avait perdu la bataille en 1541.

Page 158. *LIX. Pour la Naissance de M. le Duc de Bourgogne. Idylle*

1. Texte établi d'après *Poësies* 1688 (première publication dans le *MG* de septembre 1682 ; a fait aussi l'objet d'une publication séparée). La forme poétique de l'idylle, que la poétesse adoptera pour des méditations plus philosophiques, est sans doute choisie comme écrin pour célébrer un heureux événement, dans un royaume par ailleurs souvent comparé au monde idéal des bergers : la naissance du petit-fils de Louis XIV, le petit duc de Bourgogne (1682-1712). Deshoulières reprend l'usage, en cours à la Chambre bleue, du poème de naissance composé sur le mode de la fable héroï-comique. Elle dédiera au même petit duc une épître (pièce suivante).

2. Voir note 2, p. 43 ; voir vers 101.

3. L'Amour, souvent représenté comme un petit enfant, est jaloux de ce nourrisson de sang royal et manifeste ses sentiments à sa mère, Vénus.

4. Parodie probable du thème pictural de la Vierge à l'Enfant Jésus ; voir aussi le vers 13, pastiche du Nouveau Testament.

5. Deshoulières glisse l'éloge de Louis XIV dans la fable.

6. Louis de France, le Grand Dauphin (1661-1711) : l'éloge dynastique est traditionnel dans ce genre de poésie.

7. Lieu commun, présent par exemple dans les fables de La Fontaine.

8. Marie-Anne-Christine-Victoire de Bavière (1660-1690), mère du petit duc, comparée à Vénus.

9. Ville située au sud de Chypre, célèbre pour son temple de Vénus.

10. Voir note 2, p. 150.

Page 162. *LX. Épître à Monseigneur le Duc de Bourgogne, sur la prise de Mons*

1. Version établie d'après la publication séparée : *Épistre de Mme des Houlierres à Mgr le duc de Bourgogne*, chez Jean-Baptiste Coignard, 1691 ; Coignard était l'éditeur officiel du roi. L'épître fut lue

par l'abbé de Lavau devant « ces messieurs » de l'Académie française, le 5 mai de la même année, lors de la réception de Fontenelle, par ailleurs auteur, comme la poétesse, de pastorales et meneur d'une querelle sur le sujet à l'Académie, quelques années plus tard.

2. Allusion à la pièce précédente, composée pour la naissance du destinataire. L'image évoque aussi la fée marraine des contes.

3. Ce vers et les suivants, s'ils relèvent de l'effet rhétorique, sont néanmoins empreints d'un réalisme mélancolique propre à la poétesse (vers 97-105, 119-126).

4. Le camp d'entraînement de Houilles, exemplaire, opposé aux camps de fortune des champs de bataille.

5. François Le Tellier, marquis de Louvois et ministre de la Guerre depuis 1673 (voir Chronologie).

6. Guillaume III d'Orange-Nassau, chef des Provinces-Unies et ennemi de Louis XIV : les rivages de la Hollande et la religion protestante sont évoqués vers 73-74, son accession au pouvoir vers 79-83.

7. Le fils de la poétesse, Jean-Alexandre, âgé de vingt-six ans, avait été grièvement blessé au siège de Mons : la poétesse mêle donc au nom de Louis la figure de son propre enfant, et au grand lyrisme un lyrisme intime.

8. La ville avait été conquise le 16 mars 1691.

9. Image du tarissement de la Lyre, qui peut être imputé, comme de tradition, à l'admiration trop grande pour le roi ou, plus intimement, au chagrin maternel.

Page 167. *LXI. Épître à M. le Duc de Montausier, en lui envoyant la Ballade qui suit*

1. Texte établi d'après *Poësies* 1688. Charles de Sainte-Maure, duc de Montausier (1610-1690), grande figure de la Chambre bleue animée par la marquise de Rambouillet, dont il épousa la fille Julie après lui avoir fait longtemps la cour, est un familier de la poétesse ; il est pour elle le modèle des mœurs galantes parfaites et de l'honnête vertu, et le dernier représentant de « cet heureux temps ».

2. Montausier incarne cette conciliation du mariage et de l'amour, que Deshoulières pointe comme impossible dans l'épître en chansons à son époux.

3. Julie de Montausier était morte en 1671. Figure de la Chambre

bleue, elle inspira une guirlande de madrigaux, dite *Guirlande de Julie*, dont le manuscrit est aujourd'hui conservé à la Bibliothèque nationale de France.

Page 168. *LXII. Idylle sur la mort de Monsieur le Duc de Montausier*

1. Texte établi d'après *Poësies* 1695 (première publication dans le *MG* de septembre 1690, pièce également répertoriée par Bouhours). Montausier s'était éteint le 17 novembre 1690, et avec lui l'esprit des cercles précieux, voué à la galanterie et à la poésie. Ses amours avec Julie étaient devenues mythiques (vers 73). Le choix de l'idylle prend tout son sens pour évoquer un monde idéal perdu, encore rattaché à la pastorale comme en témoigne le vers 1 ; le poème se fait tombeau, d'un être, d'une sociabilité, d'une époque.

2. Topos poétique de la cruelle permanence de la nature, qui s'oppose à la finitude humaine.

3. La poétesse fustige l'injustice de la nature et des dieux, qui épargnent d'indignes mortels mais ont enlevé un être exceptionnel.

4. Montausier avait été le précepteur du Grand Dauphin.

5. Perséphone.

6. Le Léthé, fleuve de l'oubli.

7. Périphrase désignant la Chambre bleue, Arthénice étant la marquise de Rambouillet.

Page 171. *LXIII. Ballade*

1. Texte établi d'après *Poësies* 1688 (première publication dans le *MG* de janvier 1684). Dans le recueil, la pièce suit l'épître à Montausier, modèle de vertu et de galanterie. Composée à la suite de la représentation de l'*Amadis* de Lully et Quinault, le 18 janvier 1684, cette pièce rendit la poétesse célèbre : elle provoqua une passe d'armes à coups de ballades à laquelle participèrent le duc de Saint-Aignan (voir note 1, p. 175), La Fontaine, qui répondit : « On aime encor comme on aimait jadis », mais aussi, durant plusieurs mois, des lecteurs du *MG*. Ce poème vigoureux et spirituel range Deshoulières dans le camp des Modernes, auquel les deux musiciens, en s'inspirant du roman de chevalerie *Amadis de Gaule* (*Amadis de*

Gaula) de Garci Rodríguez de Montalvo publié en 1508, se rattachaient ; il révèle sa volonté de prendre position dans le champ lettré. Le refrain mélancolique : « On n'aime plus comme on aimait jadis » n'oblitère pas l'humour des rimes, souvent amusantes dans leur apparentement. L'appétence pour le pastiche transparaît dans la confection d'un vieux langage – hommage distancié à l'ancien temps – et le recours aux images burlesques : voir Sophie Tonolo, « Aimer comme Amadis : Mme Deshoulières, une poétesse entre deux siècles », 2009.

2. L'eau bénite est censée éloigner le diable – ici les amants trompeurs.

3. Dans l'amour courtois, le don de merci couronne l'amant.

4. Le vers est devenu proverbe au siècle suivant : il signifie que la vieillesse rend sage.

5. « Fumée épaisse qu'on souffle malicieusement au nez de quelqu'un avec un cornet de papier allumé » (*DAF*).

6. Allusion explicite à l'*Amadis de Gaule*. Le Moyen Âge sert d'idéal et de repoussoir du monde présent : voir les pages qu'Alicia Montoya consacre à la poétesse dans son ouvrage *Medievalist Enlightenment : from Charles Perrault to Jean-Jacques Rousseau*, 2013.

Page 173. LXIV. Réponse à M. le Duc de Saint-Aignan. Ballade

1. Texte établi d'après *Poësies* 1688 (première publication dans le *MG* de janvier 1684). François-Honorat de Beauvilliers, duc de Saint-Aignan (1607-1687), avait déjà composé des vers à la Chambre bleue et était un grand personnage, bien en cour et mécène. La poétesse lui adresse aussi des rimes « en ailles, eilles, ille, ouille », en forme de défi poétique. Nous retranscrivons la première strophe de sa ballade, réponse vers à vers à la poétesse :

À caution tous ne sont pas sujets
Autre maxime en ma tête est écrite ;
Et pour parler de mes tourments secrets,
Oncque de Cour ne connus l'eau bénite.
Si dans les cœurs probité plus n'habite,
Au mien les faits suivent toujours les dits,

Par moi l'Astuce au monde n'est venue.
D'Amants loyaux si la mode est perdue,
Moi j'aime encor comme on aimait jadis.

2. Vieux mot : « conquérir ». Peut-être une allusion aux exploits de Don Quichotte, ou au combat du chevalier Arthur contre le géant du mont Saint-Michel : l'image annonce les faits guerriers du duc (deuxième strophe). Cette louange du chevalier poète n'est pas sans rappeler celle que développe Christine de Pizan dans ses ballades d'amour (voir Jacqueline Cerquiglini-Toulet, « Avec rime et raison : la poésie d'amour de Christine de Pizan », préface de *Cent ballades d'amant et de dame*, Paris, *Poésie* / Gallimard, 2019, p. 25-26).

3. Musulmans de Grenade.

4. Médire : le terme est vieux (*DAF*), comme « onques », vers 8, au sens de « jamais », « hoirie », vers 23, au sens de « descendance », ou « douloir », vers 27, au sens de « souffrir ».

5. En 1655, Saint-Aignan avait échappé à un attentat : il tua deux de ses attaquants, blessa grièvement le troisième, mit en fuite le dernier. Apprenant les faits, Montausier lui envoya un mousqueton qui tirait sept coups, et une ballade pour célébrer l'exploit.

6. Surnom d'Amadis de Gaule.

7. « Encombriers » : vieux mot désignant un obstacle, une difficulté ; « féerie », au sens d'enchantement.

8. Adjectif précieux : aux doigts d'incarnat, pour évoquer de façon parodique la rougeur de l'aurore.

9. « Que chaut » : qu'importe.

Page 175. *LXV. Troisième ballade de Madame Deshoulières à M. le Duc de Saint-Aignan*

1. Texte établi d'après *Poësies* 1688 (première publication dans le *MG* de février 1684). Comme pour la pièce précédente, nous donnons la première strophe de la réplique du duc :

Ô l'heureux temps, où les fiers Paladins,
Allaient partout cherchant les aventures,
Où sans dormir non plus que sont Lutins,
Ja n'estoient las de porter leurs armures !
Princes et Rois, par vins et confitures

Les régalaient au sortir des festins.
Dame, à bon droit des beaux esprits chérie,
Qui faites cas des Guerriers valeureux,
Est-il rien tel qu'Art de Chevalerie ?
Fut-il jamais un métier plus heureux ?

2. Voir note 2, p. 109.
3. On pense à Boileau opposant la verve poétique aux mines d'or de Cusco dans l'épître à Guilleragues (1674).
4. « Faire la nique » : expression de registre burlesque signifiant « se moquer, défier ».
5. Ancien nom de Sparte. Deshoulières brode sur la relativité des mœurs et des coutumes, et la ballade prend un tour plus moral.
6. Le frère de la poétesse, qui a préféré devenir abbé plutôt qu'évêque.

Page 177. *LXVI. Rondeau redoublé à M. le Duc de Saint-Aignan. Sur la guérison de sa fièvre quarte*

1. Texte établi d'après *Poësies* 1688. Cette pièce complète la série des ballades en vieux langage. Selon Furetière, la fièvre quarte est causée par la mélancolie, état qui guette aussi la poétesse.
2. Cheval noir.
3. Variante de « oncques » : jamais.
4. Vieux mot désignant un empêchement, un obstacle.
5. « Féer » : protéger par magie.
6. Deshoulières émet le vœu que Saint-Aignan franchisse le seuil du siècle suivant.
7. En citant l'attribut du berger, la poétesse réunit les deux univers de la chevalerie et de la pastorale.

Page 178. *LXVII. Ballade à M. Charpentier*

1. Texte établi d'après *Poësies* 1688. François Charpentier (1620-1702) était académicien et avait fait paraître en 1676 la *Deffense de la langue françoise, pour l'inscription de l'arc de triomphe*, engendrant une nouvelle querelle entre partisans des inscriptions publiques en

langue française, et défenseurs du latin, ici affublés du sobriquet de « latineurs », puis traités de « pédants » ; la poétesse se range encore dans le camp des Modernes.

2. Le premier des auteurs, par allusion au coq du village. Le registre du lexique (« croc », « vide-broc » pour désigner un buveur, « troc », « froc ») est burlesque, digne d'une mazarinade, parsemé de vieux termes comme « faire gille » (s'enfuit) ou « estoc » (longue épée) ; la rime en « oc », issue de l'adverbe latin « hoc », ou le terme « savantas » singent la langue latine.

3. À l'appui du rayonnement du français, Deshoulières invoque le nom du roi.

Page 179. *LXVIII. Épître à Monsieur Le Peletier de Souzy*

1. Texte établi d'après *Poësies* 1695 (première publication dans le *MG* de février 1693). Michel Le Peletier de Souzy (1640-1725), à qui la poétesse adresse une autre épître non répertoriée ici, avait probablement connu Monsieur Deshoulières en Flandre, où il était intendant ; Louis XIV l'avait nommé surintendant des fortifications de la place de Louvois. Derrière le reproche badin à la manière d'un Voiture, perce le soupçon que les faveurs royales ne l'aient rendu vaniteux au point de refuser sa porte à la poétesse (vers 50 et 99-100).

2. Qu'on reçoit rapidement, qu'on expédie.

3. Début d'un discours parodique sur l'amour-propre, comme révélé vers 30 ; le mot est pris dans son sens le plus léger, même si la poétesse connaissait fort bien les maximes de La Rochefoucauld, un familier.

4. Plein de désagréments.

Page 183. *LXIX. Épître à M. le Maréchal, duc de Vivonne*

1. Texte établi d'après *Poësies* 1688. Le destinataire de cette épître badine, voire burlesque, une fois encore en vers impair, est le maréchal de Vivonne (*alias* Cochon dans la série des épîtres avec Grisette), à qui la poétesse cherche gentiment querelle.

2. Le dieu Amour, qui obligerait, comme on le voit aux vers

suivants, le maréchal à aimer une « Iris de village » (lieu commun du registre burlesque).

3. Paysan.

4. Variante de « couci-couça ».

5. Deshoulières mêle de l'italien à son langage, à la manière de Voiture dans ses vers.

6. Motif, cher à la poétesse, de la nouvelle génération inconséquente et peu civile.

7. Le maréchal était un fameux guerrier qui avait connu plusieurs batailles, dont certaines sont évoquées ici.

8. Expression emphatique : « on dit proverbialement *C'est un sot à triple étage* » (*DAF*).

Page 186. *LXX. Épître à M. l'Évêque*****

1. Texte établi d'après *Poësies* 1688. L'abbé Fléchier (1632-1710) fut évêque de Lavaur et de Nîmes, et élu académicien en 1672, d'où, peut-être, l'allusion du vers 6. La poétesse et sa fille entretinrent avec lui une correspondance (voir Antonin Fabre, *De la correspondance de Fléchier avec Mme Des Houlières et sa fille*, 1871). Modèle d'épître familière, dans laquelle Deshoulières fait reproche à son destinataire de ne pas l'avoir visitée.

2. Deshoulières souffrait peut-être déjà de son cancer.

3. Des stoïciens, au rang desquels visiblement Fléchier se range.

4. On retrouve le motif de « l'Iris de village », déjà utilisé dans l'épître à Vivonne (note 2, p. 183).

5. Céladon est un berger de *L'Astrée*, allégorie de l'amour platonique. Artamène est le personnage principal du roman de Madeleine de Scudéry, *Le Grand Cyrus*.

6. Le dieu Amour.

Page 189. *LXXI. Rimes en ouille*

1. Texte établi d'après *Poësies* 1688 (première publication dans le *MG* d'avril 1687). Ces vers appartiennent à une série de quatre pièces « En ailles, en eilles, en ille, en ouille », que Vivonne avait commandées à la poétesse pour la louange du roi, en lui laissant le choix des rimes masculines. L'échange à coups de rimes est une tradition

depuis Marot et une pratique virtuose et ludique de mondains tels que Voiture, Montausier, Chapelle ou le duc de Nevers, souvent libres penseurs et ripailleurs affirmés.

2. Louis XIV, le sujet imposé.

3. Le camp de Houilles, déjà évoqué dans l'épître au duc de Bourgogne, où le roi entraînait ses troupes.

4. Le ton est héroï-comique : les hauts faits du roi sont rapportés à des phénomènes triviaux ; le lexique est bas.

Page 190. *LXXII. Sonnet en bouts-rimés sur l'or*

1. Texte établi d'après *Poësies* 1688 (première publication dans le *Recueil de poësies chrétiennes et diverses dédié à Monseigneur le prince de Conty, par M. de La Fontaine*, 1671, où le vers 12 diffère légèrement, l'expression « au plus sot animal » remplaçant « au plus lourd animal »). Ces bouts-rimés avaient été proposés à une assemblée par le prince de Condé, probablement en 1667, sur le sujet imposé de l'or, qui était un topos moral en poésie. Le sonnet composé par la poétesse scella sa réputation de versificatrice douée.

2. Allusion à la pluie d'or par laquelle Zeus séduisit Danaé et lui fit un enfant.

Page 191. *LXXIII. À Monsieur Caze pour le jour de sa Fête*

1. Texte établi d'après *Poësies* 1695. Cette pièce et la suivante sont des exercices mondains, tout en s'inscrivant dans la tradition antique de l'éloge paradoxal : il s'agit de broder avec virtuosité sur un sujet infime, en l'occurrence la fête du destinataire. Jean Caze était l'amant de la fille de la poétesse.

2. Jeu de mots sur l'adjectif et le nom, en souvenir des épîtres de la chatte Grisette, double de la poétesse.

3. Noms de personnages populaires de mauvaise réputation.

4. Saint Jean l'évangéliste, dit le préféré de Jésus, d'où le vers 21.

5. Saint Jean Baptiste.

6. Nom des cercles littéraires des précieuses.

7. Les neuf muses. L'eau en question est celle d'Hippocrène, fleuve de la poésie.

Page 194. *LXXIV. À Monsieur l'abbé de Lavau*

1. Texte établi d'après *Poësies* 1695 (première publication dans le *MG* de septembre 1692, précédée de la mention « Bouquet » ; pièce reprise par Bouhours). L'abbé Louis de Lavau (? – 1694) était gardien des livres du cabinet du roi, diplomate et académicien. C'est lui qui lut devant l'Académie française la grande épître d'apparat au duc de Bourgogne, en 1691. En lui faisant sa cour par un bouquet de fleurs rhétoriques (vers 2), la poétesse inscrit aussi sa démarche dans une autre tradition poétique héritée de l'Antiquité, celle des « étrennes » que Christine de Pizan et Clément Marot avaient brillamment illustrée ; qu'il s'agisse du passage de la nouvelle année ou de la célébration d'une fête, l'objet minimaliste du poème doit être sublimé par l'habileté du versificateur, qui fait ainsi sa réputation dans le monde.

V. PENSER ET COMBATTRE

Page 199. *LXXV. Imitation de Lucrèce en Galimatias fait exprès*

1. Texte établi d'après les *Poësies de Mme Deshoulières. Nouvelle édition, augmentée de toutes ses œuvres posthumes*, chez Jean Villette, 1705, t. I, p. 244. Probablement une des premières pièces composées par la poétesse. Il s'agit d'une imitation de l'invocation à Vénus que Lucrèce a placée en tête de son poème philosophique *De Rerum Natura*, œuvre dont le maître de la poétesse, Jean Hesnault, avait donné une traduction. Comme l'explique John Conley, dans « Madame Deshoulières : a Naturalist Creed » (2002), ces vers témoignent de l'adhésion de la poétesse à la thèse de l'atomisme vitaliste développée par Démocrite, Épicure et Lucrèce, qui va à l'encontre du rationalisme cartésien et de la scholastique défendue par la Sorbonne et l'Église. Le terme « galimatias » désigne un discours embrouillé et confus, mais que certains poètes, tels Marot ou Colletet, avaient érigé en sous-genre poétique : qu'il soit « fait exprès » souligne que la poétesse s'inscrit dans cette lignée et opte pour une

posture délibérément modeste et parodique. Une lecture complète de ces vers est proposée par Philippe Chométy, « Du *Clinamen* au galimatias : l'Imitation de Lucrèce d'Antoinette Deshoulières », 2017.

2. Vénus est le principe universel de l'ordre et du bonheur ; Vénus et Mars sont à l'origine de l'ensemble des mécanismes d'attraction et de répulsion régissant l'Univers.

3. Antiphrase pour dire le galimatias.

4. Description de la formation de l'Univers, rappelant celle que donne Lucrèce des mouvements des poussières dans un rayon de soleil, et qui sert de fondement analogique à sa théorie de l'atomisme. Le duc de Nevers et le poète Chapelle, libertins proches de la poétesse, échangèrent des épîtres en rimes burlesques sur le sujet.

5. Synonyme de « mine » : comprendre d'où l'on tire les humains divers, comme l'on tire les métaux de la mine.

Page 201. *LXXVI. Les moutons. Idylle*

1. Texte établi d'après *Poësies* 1688 (première publication dans le *MG* de juillet 1677). L'une des pièces les plus commentées de la poétesse (et l'une des plus imitées dans le *MG*) jusqu'au siècle suivant, où on l'accusa d'avoir plagié un certain Coutel ; on a également remarqué sa parenté avec « Le loup et les bergers » de La Fontaine. L'enjeu en est bien une querelle d'idées : qu'on y voie l'affirmation de positions matérialistes et épicuriennes, comme dans les autres idylles (John Conley), ou plus improbablement une inspiration quiétiste (Antoine Adam), il est certain que l'idylle, genre bucolique à l'origine, devient chez Deshoulières un poème de pensée. De même que Lucrèce choisit le poème épique – et non un traité – pour exposer sa philosophie, Deshoulières construit d'idylle en idylle sa vision du monde et son éthique existentielle. L'un et l'autre partent d'une expérience sensualiste pour affirmer avec hardiesse que le monde naturel et l'être humain font partie d'un même système – ce qui retire à l'homme toute qualité supérieure, telle que défendue par les philosophes rationalistes ou, à l'inverse, par un courant chrétien dominant, et toute justification à vouloir dominer et contrôler la nature. Les mécanismes de ce système sont purement physiques : des atomes faisant l'objet de combinaisons et recombinaisons. La poétesse prend

également position dans une querelle sur la prééminence et le rôle de la raison (vers 11 et suivants), qui s'étend au siècle suivant.

2. Le choix du mouton, animal placide donc égal d'humeur, doux et ruminant (repris comme symbole expiatoire par les chrétiens), n'est pas anodin philosophiquement parlant, outre que l'animal est le plus commun sur le territoire à l'époque ; pour être éloquente, la leçon d'idées doit s'élaborer à partir d'une expérience partagée. Cet aspect rejoint le débat qui avait cours alors sur l'élargissement du lectorat et l'ouverture du savoir aux femmes. La poétesse établira dans ses « Vers allégoriques » une analogie entre ces animaux et ses enfants livrés aux loups du monde (voir vers 24 et suivants).

3. L'expérience nécessairement malheureuse décrite est celle de l'humanité, rendue par le pronom collectif « nous », et plus particulièrement celle des femmes, constamment exposées à « d'inutiles désirs ».

4. Trait stylistique fréquent chez Deshoulières : le vers se fait sentence, et résonne ici avec Pascal.

Page 203. *LXXVII. Les fleurs. Idylle*

1. Texte établi d'après *Poësies* 1688 (première publication dans le *MG* de novembre 1677). Deuxième objet naturel après les moutons, inférieur dans une conception hiérarchisée de l'Univers que réfute la poétesse : les fleurs ou le règne végétal. La fleur – la rose, en particulier – est sans doute aussi l'objet le plus chanté dans la poésie française, et c'est sur cette topique de la fleur éphémère que débute le poème. Sujet et confidente du locuteur du poème, la fleur fonde une réflexion sur l'art d'aimer et le bonheur.

2. Voir note 8, p. 36.

3. Deshoulières joue de l'ambiguïté du pronom collectif, qui peut désigner les êtres humains, ou les femmes.

4. Zeugma en usage dans la grammaire de l'époque : la vie est-elle un bien si doux qu'on veuille revivre ?

5. Vers faux : il faudrait dire « Elle n'est qu'amas de craintes, de douleurs ». Les vers suivants diffèrent dans le *MG* : « De travaux, de soucis, de gênes. / Si nous voulons goûter ce qu'elle a de douceurs / De nos plaisirs on fait nos peines. »

Page 205. *LXXVIII. Les oiseaux. Idylle*

1. Texte établi d'après *Poësies* 1688 (première publication dans le *MG* de mai 1679). L'oiseau, animal de la pastorale, est aussi dans la tradition littéraire le symbole du poète.

2. Voir note 3, p. 79.

3. Thème, notamment développé dans la poésie baroque et précieuse, du contraste entre l'hiver et le printemps, la mort et la vie.

4. Le dieu Amour.

5. Rappel du principe unifiant l'Univers.

6. Deshoulières s'oppose à la conception de la raison comme capacité, donnée par Dieu à l'homme pour qu'il exerce son emprise sur la nature, et aux constructions sociales et morales qui en résultent et conduisent à un plus grand asservissement encore. C'est la question de la liberté humaine qui est posée dans cette troisième idylle.

7. Les lois de la nature, l'instinct.

Page 207. *LXXIX. Le ruisseau. Idylle*

1. Texte établi d'après *Poësies* 1688 (première publication dans le *MG* de mars 1685). Troisième objet naturel, après les animaux et les végétaux : l'eau ou le règne minéral. Le ruisseau est aussi un élément essentiel de la bucolique virgilienne, souvent évoqué par la poétesse ; sa fluidité est associée au lyrisme de la voix. L'eau, enfin, symbolise la maîtrise de l'homme sur la nature : sa canalisation, sa transformation en fontaines ou bassins dans des jardins à la française (vers 66-68) suscitent alors l'enthousiasme et sonnent comme une victoire de l'artifice humain.

2. Reprise du thème des contraintes et des lois comme construction de la raison, évoqué dans « Les oiseaux » (voir aussi vers 58).

3. Sur cette absurde – selon la poétesse – hantise de la vieillesse, qui nourrit d'ailleurs un vieux thème poétique misogyne, voir le premier vers de l'« Épître chagrine » au père de La Chaize et ci-après les « Réflexions diverses ».

4. La critique des passions est un lieu commun des moralistes, que la poétesse met à profit pour critiquer la prétention de l'homme à étendre son empire sur la nature ; le discours est prolongé vers 83 à 102.

Cette idylle tente une conciliation du matérialisme philosophique et du christianisme (mention de Dieu qui gouverne l'Univers, vers 44), mais la poétesse en profite pour critiquer la conception de l'homme à l'image de Dieu (vers 107-108).

5. Renouvellement du mythe ovidien de Narcisse, se mirant au ruisseau.

Page 211. *LXXX. Réflexions diverses*

1. Texte établi d'après *Poësies* 1688. La forme des « Réflexions » rattache la poétesse aux moralistes, notamment à La Rochefoucauld, dont elle rejoint le goût pour la maxime.

2. Traduction presque littérale d'une phrase des *Lettres à Lucilius* de Sénèque, source principale de ces vers : « *Sic ultima hora, qua esse desinimus, non sola mortem facit, sed sola consummat* », « Ainsi notre heure dernière ne fait pas à elle seule notre mort, mais seule elle la consomme » (Lettre XXIV, *Œuvres complètes*, éd. C. du Rozoir, 1832-1836, t. 5, p. 165).

3. Topos de l'*Homo viator* : l'homme dont l'existence est un voyage.

4. Paradoxe teinté d'augustinisme, qui rapproche une nouvelle fois la poétesse de La Rochefoucauld.

5. Dont parle d'expérience la poétesse.

6. L'amitié vraie est un concept développé entre autres par Cicéron et saint François de Sales.

7. On pense à la maxime 49 de La Rochefoucauld : « Il ne sert à rien d'être jeune sans être belle, ni d'être belle sans être jeune. »

8. Nouvelles références à Sénèque, lettres IV et LII à Lucilius.

9. La strophe est un écho direct aux maximes de La Rochefoucauld.

10. Voir la maxime 89 de La Rochefoucauld : « Tout le monde se plaint de sa mémoire et personne ne se plaint de son jugement. »

11. Ce propos plein de défi est celui d'une libertine, au sens d'incroyante. Le caractère libertin de la poétesse a été maintes fois souligné depuis les travaux de Frédéric Lachèvre (voir Bibliographie).

12. Thème de la raison fustigée, présent dans les idylles et certains rondeaux.

13. Dès lors.

14. Luciole que l'on observe au-dessus des marais.

Page 217. *LXXXI. L'hiver. Idylle à Monsieur Lucas*

1. Texte établi d'après *Poësies* 1688 (première publication dans le *MG* de janvier 1688). L'hiver est tour à tour le symbole de la mélancolie qui détruit l'amour, celui du temps qui entame nos corps, celui d'un génie qui fait tomber le masque de l'amour-propre.

2. Ce bonheur fondé sur la modération des désirs, l'esprit et la joie est épicurien.

Page 219. *LXXXII. La solitude. Idylle*

1. Texte établi d'après *Poësies* 1695. Les poètes de l'époque Louis XIII tels Racan, Saint-Amant ou Tristan L'Hermite ont fait de ce thème un de leurs favoris, et Jean Hesnault avait lui-même composé une « Solitude » dont le premier vers est « Loin du monde et du bruit rechercher la sagesse ». Pour la poétesse, ces vers où résonnent les *Odes* d'Horace et les *Géorgiques* de Virgile sont l'occasion d'une méditation sur le bonheur, qui s'appuie sur une observation du monde animal (l'active fourmi et le reptile intelligent), dans laquelle passe l'ombre de La Fontaine. *A contrario* le monde humain est empreint de scélératesse, d'avidité et de violence.

2. Attribut de l'Arcadie virgilienne.

3. Motif des idylles : l'homme a établi un empire injustifié et injuste sur la nature.

4. Principe positif (repris vers 104), qui érige le monde animal en contrepoint idéal. L'amour en tant qu'élan instinctif et principe physique, chez les animaux, est supérieur à ce qu'on nomme amour chez les humains, qui est souvent possession, jalousie, asservissement.

5. Dans la querelle sur l'âme animale, les opposants à Descartes tels que Gassendi ou Cureau de La Chambre choisissent ces mêmes exemples. Pour la poétesse, qui suit en cela Démocrite et Lucrèce, l'âme n'est pas indépendante du corps et se définit tout autant comme matière.

6. Sans doute la forêt de chênes de Dodone, qui abritait un sanctuaire dédié à Zeus et un oracle fameux.

Page 223. LXXXIII. Ode A.M.L.D.D.L.R.

1. Texte établi d'après *Poësies* 1688 ; date probable de composition : 1678. François de La Rochefoucauld (1613-1680) avait alors de graves ennuis de santé. C'est à lui que, logiquement, la poétesse expose sa conception d'une sagesse existentielle matérialiste. Sur la permanence d'une pensée épicurienne, qui relie la poétesse à La Fontaine, voir Jean-Charles Darmon, *Philosophie épicurienne et littérature au XVII*[e] *siècle*, 1988.

2. Deshoulières attaque la conception de la séparation de l'âme et du corps, en lesquels elle voit identité, mécanique et physique, de nature.

3. « Rencontre » s'est parfois dit au masculin, en particulier dans cette expression « en ce rencontre » (*DAF*).

4. Critique de l'héroïsme guerrier, présente dans la tragédie de la poétesse, *Genséric*.

5. Épicure.

6. Noms donnés par les païens aux enfers et au paradis.

7. La parade de l'amour-propre, qu'a dénoncée La Rochefoucauld, et avec lui François de Sales et Spinoza.

8. Évocation au passage de la condition de la femme, qui permet à Deshoulières de briser la traditionnelle parole de consolation pour rendre hommage à la sagesse supérieure de son ami.

Page 229. LXXXIV. Réflexions morales sur l'envie immodérée de faire passer son nom à la postérité

1. Texte établi d'après *Poësies* 1695 (première publication dans le *MG* de novembre 1693). La poétesse réaffirme le principe de la finitude humaine, exposé dans « Les fleurs », qui circonscrit l'envie de voir son nom passer à la postérité.

2. Élisabeth-Sophie Chéron (1648-1711), peintre, graveuse, poétesse et traductrice, qui exécuta le portrait le plus célèbre d'Antoinette Deshoulières, figurant dans la plupart des éditions de ses œuvres durant le XVIIIe siècle (il n'en reste que la version gravée). Elle intégra l'Académie royale de peinture et de sculpture en 1672 ; comme la poétesse, elle fit partie de l'Académie des Ricovrati, à partir de 1699.

Si l'on en croit les vers 1-2 et le vers 168, le portrait était achevé, alors que la poétesse, atteinte d'un cancer du sein depuis 1682, n'avait plus que quelques mois à vivre.

3. Comme Élisabeth Lavezzi, dans son article « À propos d'Antoinette Deshoulières » (1992), on ne peut s'empêcher de penser que Deshoulières vise ici (et vers 64-67) l'ambition démesurée de Louis XIV.

4. Un des fleuves de l'enfer.

5. Roi de Lapithes en Thessalie, connu pour sa traîtrise et sa cruauté.

6. Le portrait peint par Chéron. Apelle, illustre peintre grec du IVe siècle av. J.-C.

Page 235. *LXXXV. Au R. P. Bouhours.* *Sur son Livre de l'*Art de bien penser sur les Ouvrages d'Esprit

1. Cette épigramme et la suivante ont été publiées dans l'édition de 1747, chez D. l'Aîné, t. I, p. 257 ; en 1687 était paru *La Manière de bien penser dans les ouvrages d'esprit* du père jésuite, grammairien et historien Dominique Bouhours (1628-1702). La poétesse lui reprochait de ne pas avoir répertorié ses poèmes, d'où la pointe du dernier vers. Le coup semble avoir porté puisque pas moins de six pièces figureront dans le *Recueil de vers choisis* publié par le père en 1693. Par ailleurs Deshoulières réveille une querelle qui avait opposé Bouhours et Ménage sur les figures de Port-Royal et, notamment, Pascal.

Page 236. *LXXXVI. Sur le même Ouvrage*

1. Comme souvent chez la poétesse, le discours est à double tranchant : après lui avoir reproché de négliger les lectures sérieuses, Deshoulières accuse le jésuite de lectures légères, qui sont pourtant de ses favorites.

Page 236. *LXXXVII. Sonnet burlesque, sur la* Phèdre *de Racine*

1. Le sonnet, qui déclencha une querelle violente et cruelle pour la poétesse, scellant sa réputation de mauvais goût puisqu'elle défendit Pradon contre Racine, auteurs tous deux d'une tragédie intitulée *Phèdre et Hippolyte* (voir Anne Debrosse, « Les souvenirs pieux de Madeleine de Scudéry et d'Antoinette Deshoulières chez Marie-Jeanne L'Héritier », 2018), circula d'abord anonymement avant d'être intégré aux éditions de la poétesse en 1725 et 1747 ; on le trouve aussi dans le manuscrit de Tallemant des Réaux, et il fut publié dans *Le Portefeuille de Monsieur L.D.F.*****, en 1694. La querelle trouve son origine dans ces deux pièces jumelles créées à deux jours d'intervalle, en 1677, sur la scène parisienne ; le phénomène n'est pas isolé à l'époque – le plus fameux étant le doublon « Bérénice » de Corneille et de Racine – et témoigne d'une concurrence effrénée entre les auteurs de théâtre. Protégé du roi et attaché à Port-Royal, Racine appartenait à l'Académie française, où il était dans le camp des Anciens ; Pradon fréquentait le cercle libertin de l'hôtel de Bouillon du duc de Nevers, faisait partie des Modernes et était familier de la poétesse. Dans un premier temps, on attribua le sonnet au duc de Nevers. Racine, ne s'y trompant pas, y répondit par un contre-sonnet moquant la tragédie *Genséric*, de Deshoulières, créée en janvier 1680. La querelle s'était entre-temps envenimée : un autre sonnet imputé à Boileau avait circulé, faisant état de relations incestueuses que le duc aurait eues avec sa sœur. Au cours d'un dîner à l'hôtel de Bouillon, on dit qu'il fallait couper le nez à Despréaux et à Racine. Selon la tradition anecdotique, Boileau aurait d'ailleurs été bastonné de nuit dans la rue. Divers sonnets et épigrammes circulèrent sur Pradon. L'affaire finit par s'éteindre, mais Boileau réservait ses pointes contre la poétesse pour sa satire X sur les femmes (1694).

2. Probablement jouée par l'actrice Mademoiselle Dennebault.

Page 237. *LXXXVIII. Chanson sur Monsieur l'Abbé Testu*

1. Texte établi d'après l'édition de 1747, chez D. l'Aîné, t. I, p. 157, pour les deux dernières strophes, et d'après F. Lachèvre, *Le Libertinage au XVIIe siècle*, p. 25, pour les quatre premières strophes. L'abbé Jacques Testu de Belleval (1626-1706), académicien depuis 1665 et doyen de l'institution, avait été le seul à ne pas voter la lecture en séance de l'Académie, le 25 août 1690, de l'épître de la poétesse au duc de Bourgogne sur la prise de Mons (évoquée vers 1). Racine devait la lire ; il se fit remplacer par l'abbé de Lavau. Faut-il attribuer ces vers en forme de chanson présentant l'abbé Testu comme un faux dévot ou « doucereux maroufle » (mot pris à Marot), exhibitionniste auprès d'une « Dame incrédule », à Antoinette Deshoulières elle-même ? C'est l'hypothèse que nous faisons.

2. Philippe de Dangeau (1638-1720), militaire et mémorialiste, élu académicien en 1667.

3. Terme bas, variante de « maraud », également utilisé par Marot.

4. Équivoque sexuelle ; la métaphore est filée vers 40.

5. Vertumne, qui fit longuement et avec succès la cour à la nymphe Pomone, ainsi que le narre Ovide.

TABLE DES *INCIPIT*

DERNIÈRES PARUTIONS

523. Hawad — *Furigraphie*. Poésies 1985-2015.
524. *** — *Du cloître à la place publique*. Les poètes médiévaux du Nord de la France (XIIe-XIIIe siècles).
525. Charles Dobzynski — *Je est un Juif, roman*.
526. Jean-Pierre Siméon — *Lettre à la femme aimée au sujet de la mort* et autres poèmes.
527. Andrée Chedid — *Rythmes*.
528. Roland Dubillard — *Je dirai que je suis tombé* suivi de *La boîte à outils*.
529. Jean-Claude Pirotte — *Ajoie* précédé de *Passage des ombres* et de *Cette âme perdue*.
530. Serge Pey — *Mathématique générale de l'infini*.
531. René Char & Alberto Giacometti — *Le Visage nuptial* suivi de *Retour amont*.
532. Wislawa Szymborska — *De la mort sans exagérer*. Poèmes 1957-2009.
533. Adonis — *Lexique amoureux*.
534. François Pétrarque — *Canzoniere*.
535. Guillaume Apollinaire — *Tout terriblement*. Anthologie illustrée de poèmes.
536. Volker Braun — *Poèmes choisis*.
537. Seamus Heaney — *La lucarne* suivi de *L'étrange et le connu*.
538. Lord Byron — *Le corsaire* et autres poèmes orientaux.
539. Jean-Marie Barnaud — *Sous l'imperturbable clarté*. Choix de poèmes 1983-2014.
540. Christine de Pizan — *Cent ballades d'amant et de dame*.
541. Marie-Claire Bancquart — *Terre énergumène* et autres poèmes.
542. François Cheng — *Enfin le royaume*. Quatrains.
543. Jean-Paul Michel — *« Défends-toi, Beauté violente ! »* précédé de *Le plus réel est ce hasard, et ce feu*.
544. Louis Aragon — *La Grande Gaîté* suivi de *Tout ne finit pas par des chansons*.
545. Georges Perros — *Poèmes bleus*.
546. Armand Gatti — *Comme battements d'ailes*. Poésie 1961-1999.
547. Joris-Karl Huysmans — *Le Drageoir aux épices* suivi de *Croquis parisiens*.

548. Frédéric Jacques Temple — *La chasse infinie* et autres poèmes.
549. Paul Valet — *La parole qui me porte* et autres poèmes.
550. André Velter — *La vie en dansant* suivi d'*Au Cabaret de l'éphémère* et d'*Avec un peu plus de ciel*.
551. *** — *Un feu au cœur du vent*. Trésor de la poésie indienne des Védas au XXIe siècle.
552. Andrée Chedid — *Textes pour un poème* suivi de *Poèmes pour un texte* 1949-1991.
553. Lydie Dattas — *Le Livre des anges* suivi de *La Nuit spirituelle* et de *Carnet d'une allumeuse*.
554. Charles Juliet — *Pour plus de lumière*. Anthologie personnelle 1990-2012.
555. Jehan Rictus — *Les Soliloques du pauvre* suivi de *Le Cœur populaire*.
556. Rûmî — *Cette lumière est mon désir*. Le Livre de Shams de Tabrîz.
557. François Sureau — *La Chanson de Passavant*.
558. Éric Sarner — *Sugar* et autres poèmes.
559. Erri De Luca — *Aller simple* suivi de *L'hôte impénitent*.
560. Aksinia Mihaylova — *Ciel à perdre* suivi de *Le jardin des hommes*.
561. Clément Marot — *Les Épîtres*.
562. *** — *Le Sommet de la route et l'Ombre de la croix*. Six poètes chrétiens du XXe siècle.
563. Alicia Gallienne — *L'autre moitié du songe m'appartient*.
564. Théocrite — *Les Magiciennes* et autres idylles.
565. Robert Desnos — *Sommeils*.
566. Roberto Juarroz — *Poésies verticales* I - II- III - IV - XI.
567. Tahar Ben Jelloun — *Douleur et lumière du monde* précédé de *Que la blessure se ferme* et suivi de poèmes inédits.
568. Denise Desautels — *L'angle noir de la joie* suivi de *D'où surgit parfois un bras d'horizon*.
569. Jack Kerouac — *Mexico City Blues*.
570. Luis Buñuel — *Le chien andalou* et autres textes poétiques.

Ce volume,
le cinq cent soixante-dix-neuvième de la collection Poésie
a été composé par Nord Compo
et achevé d'imprimer sur les presses
de l'imprimerie Novoprint,
le 26 mai 2023.
Dépôt légal : juin 2023

ISBN 978-2-07-302741-2 / Imprimé en Espagne

599450